노동자의
변호사들

노동자의 변호사들
대한민국을 뒤흔든 노동사건 10장면

민주노총 법률원·오준호 지음 | 최규석 만화

맛지북스

프롤로그

오준호

1

변호사라고 하면 당신은 어떤 모습이 떠오르는가? 세련된 정장, 화려한 언변, 검은 슈트케이스를 들고 고급 승용차에서 내리는 모습? 가끔 우리는 텔레비전에서 재벌 회장이 탈세나 횡령으로 기소되었다는 뉴스를 본다. 그때 재벌 회장의 대리인으로 카메라 앞에 나서는 변호사들이 조금 전 말한 바로 그런 이미지다. 그들이 속한 '김앤장', '율촌' 등 대형 로펌의 이름은 이제 많은 사람들에게 익숙하다.

수백억 원을 탈세하고 회사 돈을 유용해 비자금을 만든 재벌 회장도 물론 변호받을 권리는 있다. 그들도 대한민국 국민이기 때문이다. 하지만 재벌에게 어마어마한 수임료를 받은 변호사들이 판사로부터 무죄 선고나 솜방망이 처벌을 이끌어내는 동안, 노동자들은 법의 바깥에서 혹은 법의 이름으로 고통을 당한다. 부당 해고, 산업재해, 노조 파괴, 공권력 투입, 수억, 수십억 원대의 손해배상 청구……

노동자는 고용주보다 힘이 약하기 때문에 법에 명시된 자기 권리를 빼앗겨도 제대로 항의조차 하지 못한다. 대한민국 헌법 32조는 노동자의 근로조건이 인간의 존엄성을 보장할 수 있어야 한다고 말하고, 헌법 33조는 노동자가 자신의 권리를 위해 단결권, 단체교섭권 및 단체행동권의 '노동3권'을 가진다고 말한다. 하지만 내가 만난 노동자들에게 헌법의 그런 약속은 기울어진 법정에 붙어 있는, 무슨 글자가 쓰여 있는지 잘 보이지도 않는 오래된 광고판이나 다름없었다. 자신의 권리가 법에 어떻게 쓰여 있는지도 모르는 노동자들, 설령 안다 해도 비싼 변호사를 찾아갈 형편이 안 되는 가난한 노동자들, 그들은 어떻게 해야 하는가.

2

바로 그런 노동자들을 위해 싸우는 변호사들이 있다.

이제부터 하려는 이야기는 바로 그들, 노동자의 변호사들에 대한 이야기다. 사회를 떠들썩하게 한 노동 사건이라도 법정에 들어설 때면 여론의 관심은 이미 시들해진다. 바로 그곳 법정이라는 가려진 링 위에서, 일하는 사람들의 삶과 권리를 지키기 위해 분투하는 변호사들이 있다. 그들은 법을 무시하는 고용주에게 노동자의 권리를 보장하라고 요구하고, 노동자들의 파업을 불법행위라고 비난하는 검찰, 법원과 싸운다. 법을 고용주에게 유리하도록 고치려는 정부와 정치인들에게도 맞선다. 나아가 노동 기본권을 구속하는 법 조항을 고치는 일에도 팔을 걷고 나선다. 그들은 직접 철탑 위에 올라가 농성하는 대신 법을 둘러싼 현장에 선다.

 법원에서 어떤 판결을 내리느냐에 따라 우리 사회의 노동조건 전체가 영향을 받는다. 판례 하나에 따라 노동조합 활동이 합법이거나 불법이 되며, 해고가 정당화되고, 비정규직이 정규직이 되기도 한다. 물론 사용자에게 유리한 판결은 즉시 집행되고, 불리한 판결은 시행되기까지 부지하세월이다. 그러나 어떤 판결이냐에 따라 노동자들의 요구에 실리는 명분이 달라진다. 그래서 노동자의 변호사들은 국내외 사례들을 끊임없이 연구하고 증거를 모으고 새로운 논리를 만들어낸다. 때로 자신의 노력이 판결을 바꾸지 못할 때, 노동자들의 고통을 덜어주지 못했다는 생각이 들 때 변호사들은 무력감에 시달린다. 하지만 다음 날 다시 그들은 연행된 노동자들을 접견하기 위해 경찰서 유치장으로 달려간다. 캄캄한 바다에 불을 밝히는 등대지기처럼, 변호사들은 법과 제도의 최전선에서 노동자의 삶과 권리를 지키려 애쓴다.

3

나는 그들의 이야기를 듣기 위해 민주노총 법률원을 찾았다. 지난 10여 년 동안 우리 사회의 굵직한 노동 사건들 대부분에 법률원이 참여해왔기 때문이다. 법률원에는 현재 30여 명의 변호사, 노무사, 송무 지원 간사 들이 일당백으로 뛰고 있다. 나는 권두섭 변호사와 가장 많은 이야기를 나눴다. 법률원 창립 멤버이자 공공운수노조 법률원장을 맡고 있는 그는 창립부터 현재까지 법률원이 겪어온 이야기를 들려주었다. 그 내용이 책의 1부에 담겼다.

　권 변호사의 소개로 김태욱 변호사, 우지연 변호사, 강영구 변호사, 이종란 노무사도 만났다. 권 변호사와 이들이 붙잡고 씨름했던 대표적인 노동 사건들로 2부를 구성했다. 삼성반도체 백혈병 사건, 홍익대 청소·경비 노동자 집단 해고 사건, 쌍용자동차 정리해고 사건, 재능교육 학습지 교사 해고 사건 등 대부분의 사건이 최근 한국 사회를 떠들썩하게 만들고 사회적 논쟁을 불러일으켰다. 매체를 통해 단편적으로만 접해온 시민들은 알지 못했던, 사건의 숨은 쟁점에 대한 이야기를 정리하여 10가지 주제로 구성했다.

　3부에서는 『100°C』, 『지금은 없는 이야기』 등을 그린 만화가 최규석이 법률원 변호사들이 부딪히는 현실과 개인적인 고민을 따뜻하게 (때로 유머러스하게) 그렸다.

　나는 변호사, 노무사 들과 함께 사건의 당사자인 노동자들을 만났다. 정규직, 비정규직, 생산직, 서비스직, 언론인, 청소 노동자 등 그들의 처지와 조건은 다양했지만 공통점이 있었다. 자신의 권리를 위해 싸웠고, 마지막까지 싸움을 포기하지 않았다는 것이다. 이 점은 매우 중요하다. 왜냐하면, 노동자 스스로 싸우지 않는다면 변호사나 노무사라 해도 할 수 있는 일이 없기 때문이다.

　노동자는 기울어진 법정의 최대 피해자인 동시에, 거기 기울어져 있는 정의를 바로 세우는 주인공이기도 하다. 이 책은 투쟁하는 노동자와 그들을 돕는 변호사, 노무사 들의 이야기다. 또한 이 사회에서 노동자로 살아가야 하는 우리 모두의 이야기다.

감수의 말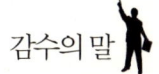

권두섭
변호사, 민주노총 공공운수노조 법률원장

민주노총 법률원이 설립된 지 10년, 성대한 기념식은 하지 못했지만 지난 10년간 법률원이 함께했던 노동자들의 투쟁의 기록을 남겨보자는 생각에 이 책이 기획되었다. 그렇게 줄거리도 없이 '한 문장의 기획'으로만 되어 있던 것을 책으로 만든 것은 오준호라는 작가를 만난 덕분이다. 그는 드문드문한 기억력의 소유자인 필자와의 인터뷰를 정리하고 사건마다 100쪽이 넘는 준비서면과 변론 요지서(판사도 읽기 힘든 분량이다), 그 밖에 각종 판결문과 참고 자료 들을 읽었다. 그리고 어려운 법률 문장으로 된 사건 서면과 기록을 쉽게 이해할 수 있는 문장으로 정리했다. 그가 아니었으면 이 책은 세상에 나오지 못했거나 혹은 난해한 법률 용어로 가득한 일본식 문어체의 기이한 책으로 나오게 되었을 것이다.

민주노총 법률원은 2002년 2월 1일, 네 명의 변호사를 포함한 여섯 명의 구성원으로 시작했다. 시금은 충현맹의 민주노총 법률원 이외에도 금속노조 법률원, 공공운수노조 법률원, 그리고 창원과 대전에 지역 법률원을 두고 30여 명이 일하는 조직으로 성장했다. 한 일이라곤 법률원을 그만두지 않았다는 것밖에 없는 필자와 책에 등장하는 변호사, 노무사 외에도 많은 변호사, 노무사, 빛나지 않는 일도 마다하지 않은 송무 지원 간사 들이 있었고, 지금도 활동하고 있다.

이 책에 나오는 노동 사건들은 법률원이 함께해온 많은 노동자들의 투쟁의 극히 일부이다. 하지만 한국 노동자들이 맞닥뜨리고 있는, 노동 기본권을 배제하는 사법제도의 현실을 보여주는 대표적인 사건들이다.

그 시작으로 2부 1장에서 삼성반도체 백혈병 사건을 골랐다. 오늘도 하루가 멀다 하고 노동자들은 현장에서 사고로 사망하거나 소리 없이 병들어가고 있다. 기업 살인도 살인이다. 기업이 처벌받지 않는 현실에서 사용자는 증거자료를 숨기고 노동자는 오직 자기의 힘만으로 업무와 재해 사이의 인과관계를 증명해야 한다. 이 책에서는 1차 소송을 중심으로 다루었고 현재 2차 집단 소송이 진행 중이다. 금속노조 법률원의 임선아 변호사, 법무법인 다산의 조지훈 변호사가 함께하고 있다. 5년이 넘도록 사건의 중심에서 거대 기업 삼성과 싸워온 이종란 노무사는 정신적으로 지쳤을 것인데, 오늘도 쉬지 못하고 피해자를 만나러 다니고 조사를 한다.

이어서 우리 사회 노동 문제의 화두인 비정규직 노동자들의 이야기를 다루기로 했다. 이 책에서는 특히 간접고용 비정규직과 특수고용 비정규직의 문제를 보여주고 있다. 간접고용 비정규직 문제의 핵심은 노동자와 사용자 사이에 하청 업체가 자리 잡고 있다는 점이다. 1부 2장의 주식회사 예스코 불법 파견 사건, 2부 5장의 이랜드-

뉴코아 사건, KTX 여승무원 사건, 현대중공업 사내 하청 사건이 간접고용 비정규직의 문제를 잘 보여준다. 노동에서 나오는 모든 이익을 가져가지만, 그리고 노동관계의 모든 권한을 쥐고 있지만 노동법의 책임은 지지 않는 자들, 재벌 대기업 원청 업체의 민낯이 드러난다. 노동자는 있으나 문제를 책임질 사용자는 없는 것이다. 그리고 계약 기간 만료의 이름으로 언제든 쓰다 버려지는 존재가 되어버린 비정규직 노동자의 현실을 보여주는 사건들이다.

특수고용 비정규직 문제는 1부 1장의 화물연대 집회 대규모 연행 사건, 2부 4장의 재능교육 학습지 교사 해고 사건을 통해 살펴볼 수 있다. 택배 노동자의 노동자성이 보장되었다면 노사 합의서가 하루아침에 휴지 조각이 되지 않았을 것이고, 78명의 노동자가 문자 한 통으로 해고되는 일도 없었을 것이다. 그렇다면 박종태 씨가 스스로 목숨을 끊는 일도 생기지 않았을 것이다. 재능교육 노동조합의 해고 노동자들은 오늘 이 시간에도 혜화동 성당 종탑에 올라가 특수고용 노동자들의 노동자성과 노동조합을 인정할 것을 요구하고 있다. 간접고용이 가짜 사용자를 내세워 진짜 사용자가 숨어버린 문제라면, 특수고용은 노동자를 사업자로 둔갑시켜 노동법의 적용을 회피하는 것이다.

여기에 더해 노동 기본권에 대한 검찰 공안 조직과 법원의 사고방식이 적나라하게 드러난 사건이 있다. 바로 2부 9장의 건설노조 공갈 협박죄 구속 사건이다. 노동조합을 잠재적 범죄 집단으로 간주하는 사회에서 노동 기본권이 숨 쉴 공간이 있을까, 이에 저항하는 투쟁이 따를 수밖에 없다.

간접고용 비정규직 문제가 최저임금과 결합된 사건이 2부 2장의 홍익대 청소·경비 노동자 집단 해고 사건이다. 당시 사회적인 관심이 집중되면서 노동자들은 무사히 복직할 수 있었지만 아직 손해배상 청구 소송이 진행 중이다. 이 사건을 통해 저임금 간접고용 청소노동자의 현실을 생생히 목격할 수 있다.

우리 사회는 파업할 권리를 불온시하고, 법 제도와 법원은 이를 범죄화한다. 2부 3장의 쌍용자동차 정리해고 사건, 6장의 철도노조 파업 사건, 7장의 언론노조 파업과 MBC노조 파업 사건이 이를 보여준다. 2부 3장은 뜨거운 사회 현안인 쌍용자동차 문제의 배경을 쉽게 풀어쓴 좋은 글이 될 것이다. 그리고 이 책에는 2009년과 2010년에 있었던 언론노조 파업과 MBC노조의 파업 이야기만 담았지만, 2012년까지 이어진 MBC, YTN, KBS, 국민일보 등 언론 공공성 수호를 위한 언론 노동자들의 눈물겨운 싸움도 있었다. 민주노총 법률원의 신인수 변호사를 중심으로 장종오, 이주현, 조세화 변호사, 공지연, 한혁 국장이 정부와 검찰의 탄압이 집중된 언론노조 투쟁을 함께했다는 점을 꼭 밝혀두고 싶다.

독자들이 잘 알지 못하는 타임오프 제도, 복수 노조 창구 단일화 제도의 내용과 현실은 2부 8장의 KEC 파업 사건에서 살펴볼 수 있다. 2부 10장의 전교조 시국 선언·정당 후원 사건은 전교조에 대한 정부의 이념적 공세와 탄압이 맞물려서 진행된 사건이다. 이어서 지난 2월 22일 정부는 전교조에 대한 노조 설립 신고 취소를 검토 중이라고 발표했다. 기가 막힐 뿐이다.

책에 나오는 몇몇 사건들은 종결되었지만 노동 사건은 여전히 오늘도 반복되고 있다. 오늘 이 시간에도 많은 노동자들이 거꾸로 서 있는 법에 맞서 높은 하늘에 올라가 있다.

독자들은 이 책을 읽고 노동조합을 만드는 일이 매우 고통스럽고 힘든 일이라고 생각할지도 모르겠다. 그러나 이 책에 등장하는 많은 노동자들과 필자가 만난 많은 노동조합 간부들, 노동조합을 시작한 노동자들은 노동조합을 하면서 행복해했다. 동료 조합원들과 함께 울고 웃었고 인간으로서 가장 기본적인 권리를 되찾았다. 어떤 속박에서 해방되는 길로 비로소 들어섰다고 했다. 능력의 부족으로 제대로 담지 못했지만, 혹여 누군가 이 글을 본다면 그런 행복한 기억을 담은 기록을 또 다른 책으로 만들어주었으면 한다.

민주노총에서 일하기 전까지 내게 노동조합이란 책에서 배운 대로, 노동자들의 권리를 보호하는 노동자들로 조직된 단체라는 의미가 전부였다. 민주노총에서 일하게 된 지 14년째를 맞이하는 지금 노동조합은 무엇인가 스스로에게 물어보게 된다. 자본과 국가권력으로부터 자주적인 노동조합은 노동자들이 유일하게 숨을 쉴 수 있는 공간이다. 기업이라는 조직에서, 막강한 권한을 가진 사용자 앞에 개인인 노동자는 인격적으로 종속된 노예와 다를 바 없다. 가족을 부양해야 하고 노동을 통해서 받는 임금으로 살아가야 하는 노동자, 해고되는 순간 자신이 부양해야 하는 가족들의 생존권도 모두 벼랑 끝으로 몰리게 되는 노동자에게는 더욱 그럴 수밖에 없다. 노동조합이 있어야 노동자는 비로소 인간으로서 기본적인 권리를 가지게 된다. 자신이 하고 싶은 말을 할 수 있다. 표현의 자유가 생긴다. 노동조합이 없는 노동자는 투표도 참여하기 어렵다. 독한 화학 약품을 마시면서도 일을 해야 한다. 그러나 거기서 도망칠 수도 없다. 이건희 씨의 아들이 아닌 대부분의 사람들은 노동을 하면서 산다. 그중 대부분이 노동자가 된다. 한국 사회는 1,700만 명의 노동자와 그들이 부양하는 가족으로 구성되어 있다고 해도 지나친 말이 아니다.

  필자는 노동조합이야말로 노동자가 다른 모든 권리를 포기해도 마지막까지 지켜야 할 그 무엇으로 생각한다. 노동자는 자주적이고 건강한 노동조합이 있을 때만 비로소 헌법에 열거된 그 많은 기본적인 권리를 가질 수 있기 때문이다. 그래서 오늘도 노동자들은 하늘로 올라간다. 노동조합을 지키기 위해서.

차례

프롤로그 · 오준호 5
감수의 말 · 권두섭(변호사, 민주노총 공공운수노조 법률원장) 9

1부 노동자의 변호사들   19

1장 밤이면 어디론가 출동하는 변호사들   21
전쟁터가 되어버린 집회장 | 비상사태 돌입 | 긴장의 승부, 영장 실질 심사 | 밤을 새우며 영장 실질 심사에 매달리는 이유

2장 대법원으로부터 온 전화 한 통   35
이정표가 될 재판 | 불법 파견에도 파견법을 적용하라 | 치열한 변론 준비, 소중한 승리

3장 노동자의 변호사들이 걸어온 길   51
'로펌'과 민주노총 법률원의 차이 | 법률원이 만들어지기까지 | 노동자의 곁에 남아 있는 나른 것

2부 대한민국을 뒤흔든 노동 사건 10장면

여는 장 위기에 처한 노동3권 67

1장 당신이 아픈 이유, 누가 답해야 할까 71
― 삼성반도체 백혈병 사건

삼성과 싸우는 노무사 | 산업재해 보상 제도, 입증 책임 전환이 열쇠 | 현행 산업재해 보상 제도는 다단계 불승인 위원회 | 노동3권 없으면 노동자 건강권도 없다

2장 청소 미화원은 75만 원만 벌어도 된다고? 92
― 홍익대 청소·경비 노동자 집단 해고 사건

홍익대 청소·경비 노동자, 학교를 점거하다 | 저임금 노동을 강요하는 사회 구조 | 2억 8천만 원 손배 청구를 기각시키다 | 해결된 것은 너무나 작다

3장 누구도 정리해고에 반대할 수 없다 109
― 쌍용자동차 정리해고 사건

쌍용차 노동자들, 공장을 점거하다 | 정리해고 제도의 근본적인 문제점 | 쌍용차 부실은 회사의 책임이다 | 불법으로 얼룩진 정리해고 결정 과정 | 쌍용차 정리해고는 무효다

4장 이 사람은 노동자일까 아닐까 132
　　- 재능교육 학습지 교사 해고 사건
　　특수고용직, 노동자인가 사업자인가? | 재능교육 교사들의 외로운 투쟁
　　| 노동자가 되는 것조차 쉽지 않은 현실

5장 비정규직 보호법이 비정규직을 늘린다 149
　　- 이랜드-뉴코아 · KTX 여승무원 · 현대중공업 사내 하청 사건
　　비정규직 보호법, 시작부터 잘못 끼운 단추 | 비정규직 보호법 도입과
　　이랜드-뉴코아 투쟁 | '지상의 스튜어디스'가 몸에 사슬을 두르다 |
　　하청 업체가 '저 좀 잘라주세요'?

6장 파업은 어떻게 범죄가 되는가 170
　　- 철도노조 파업 사건
　　파업은 범죄다? | 철도노조가 파업에 들어간 이유 | 합법 파업을 불법
　　으로 만들다 | 의심스러울 때는 피고인에게 유리하게

7장 정치 파업을 허용하라 187
　　- 언론노조 파업과 MBC노조 파업 사건
　　정부 정책, 경영권에 반대하는 파업? 불법! | 미디어법 반대 파업은
　　왜 일어났나 | MBC노그 파업, 공정 보도를 위한 싸움 | 파업의 정당
　　성을 더 넓게 인정해야

8장 노동조합을 파괴하는 악법 203
　　– KEC 파업과 타임오프·복수 노조 창구 단일화
　　날치기로 도입된 타임오프와 창구 단일화 제도 | KEC의 계획된 노조 무력화

9장 노동조합은 공갈 협박범? 217
　　– 건설노조 공갈 협박죄 구속 사건
　　검찰, 노조 전임비 요구를 문제 삼다 | 건설 노동자들의 특수한 처지 | 시대에 역행하는 검찰

10장 교사에게 정치적 자유를 달라 230
　　– 전교조 시국 선언·정당 후원 사건
　　정치적 중립성의 실제 의미는? | 전교조에 연이어 쏟아진 탄압 | 교사와 공무원은 정치적 금치산자인가

3부 변호사들 – 최규석 만화　　　　　　　　　　　　249

1부
노동자의 변호사들

1장
밤이면 어디론가 출동하는 변호사들

전쟁터가 되어버린 집회장

2009년 5월 16일 대전.

    컴컴한 밤하늘에 빗방울이 흩날렸다. 택배 노동자면서 화물연대 조합원인 유종구(가명) 씨는 집회용 방송 차량으로 개조한 스타렉스 운전석에서 차창 밖을 물끄러미 바라보았다. 집회 참가자들이 저 앞에서 삼삼오오 이쪽으로 걸어오고 있었다. 그들은 '고 박종태 열사 정신 계승 5.16 전국 노동자 대회'에 참여한 화물연대 소속 노동자들이었다. 저녁 8시 20분경 집회가 마무리되면서 해산하는 중이었다.
    유씨가 '집회가 끝났나…….'라고 생각하는 순간, 이쪽으로 걸어오던 사람들이 어수선해지더니 무언가에 쫓기는 듯 내밀리기 시작했다. 비명과 고함 소리가 아스팔트 밟는 소리와 섞여 시끄러웠다.

경찰이 갑자기 일제 검거에 들어간 것이었다.

'어이쿠, 큰일이다. 얼른 차를 빼야겠다.'

유 씨가 이렇게 생각하며 방송차 핸들을 돌리는 동안 참가자들이 우르르 방송차 주위를 휩쌌고 곧이어 경찰이 들이닥쳤다. 경찰은 조합원으로 보이는 사람은 무차별 체포하면서 다가오고 있었다. 미처 피하지 못한 참가자들은 방패와 곤봉, 최루액을 맞고 쓰러졌다. 유 씨의 방송차가 인파 때문에 속도를 내지 못하자 경찰이 주변을 에워쌌다. 경찰봉 세례에 운전석 앞과 옆의 유리가 박살났다. 경찰은 운전석 문을 열면서 최루액을 뿌렸고 유종구 씨는 순식간에 끌려나왔다. 그는 목이 꺾이고 양쪽 겨드랑이를 꽉 붙잡힌 채 백여 미터를 끌려가 대기하고 있던 경찰 버스에 태워졌다.

이날 집회에서 연행된 사람은 총 457명. 단일 집회로는 비견한 예가 별로 없을 정도였다. 화물연대 조합원들은 이날 집회에서 몹시 격앙되어 있었다. 얼마 전, 화물연대 광주지부 1지회장인 박종태 씨가 회사 측의 대규모 해고와 노조 탄압을 비관하며 스스로 목숨을 끊었기 때문이다. 경찰이 행진을 저지하고 물대포를 쏘자 일부 조합원들은 박종태 씨의 추모 만장에서 대나무를 떼어내 경찰에게 휘둘렀다. 그러자 경찰이 공격적으로 검거 작전에 나선 것이다.

대전 시내 다섯 개 경찰서마다 적게는 수십 명에서 많게는 백여 명까지 연행자들로 아수라장이었다. 연행자들은 하나같이 옷이 찢어지고 얼굴, 목, 손, 다리 등에 상처를 입었다. 심하게 피를 흘린 사람들도 많았다. 경찰은 이들에게 '집회 및 시위에 관한 법률' 위반 및 '특수 공무집행방해 치상' 혐의를 적용했다. 유종구 씨도 대나무로 경찰을 공격했다는 혐의를 받았다. "아니, 난 집회 내내 차에만 있었다니까요."라고 해명했지만 소용없었다.

유종구 씨에겐 설상가상으로 더 심한 혐의까지 씌워졌다. 그날 허동식(가명) 경찰관이 시위대 검거 도중 방송 차량에 부딪쳐 발에 골절상을 입었고 그 방송차가 도주하는 사건이 있었다. 경찰은 유종구 씨가 도주한 운전자라고 의심했다. 사고 상황을 목격한 강기철(가명) 순경이 운전자와 사고 차량을 유종구 씨와 그의 스타렉스 차량으로 지목했기 때문이었다.

비상사태 돌입

서울의 민주노총 법률원은 대전의 대규모 연행 소식에 비상이 걸렸다. 우선 서둘러야 할 것은 연행자 접견이었다. 연행자들은 고립된 상태에서 진술을 요구받고 심리적으로 위축된다. 노동조합도 조합원들이 유치장에 갇히면 해줄 수 있는 게 없다. 이럴 때 변호사가 찾아오면 연행자들은 위안을 얻고 경찰의 신문을 보다 잘 견딜 수 있다. 또 이 정도 규모의 연행이라면 구속영장도 상당수 떨어지리라. 조금이라도 빨리 접견하여 상황을 파악하고 필요한 증거를 수집해야 영장 실질 심사 과정에서 구속자의 숫자를 줄일 수 있었다.

노동자들은 5월 16일에 체포되었다. 체포 후 48시간까지 구금이 가능하므로 검찰은 5월 18일에 구속영장을 청구할 예정이었다. 영장 실질 심사의 시작은 그다음 날인 19일 오전, 대전지법. 남은 시간은 이틀하고 몇 시간뿐이었다. 법률원은 진행 중이던 다른 송무訟務를 모두 중단하고 이 사건에 집중하기로 했다. 그날 밤으로 여섯 명의 변호사를 대전에 파견했다. 법률원에 온 지 얼마 안 된 신입 변호사들도 함께였다. 권두섭 변호사는 서울에서 공통 변론 서면을 작성하기로 했다.

변호사들은 민주노총 대전지부 사무실에 임시 본부를 설치하고 쉴 틈도 없이 각자 맡은 경찰서로 흩어졌다. 접견은 경찰서 접견실에서 변호사와 피의자가 일대일로 하는 것이 원칙이다. 공범으로 의심되는 경우 한자리에 모아놓으면 조사에 대비해 입을 맞출 수 있기 때문이다. 하지만 이처럼 집회 중 대규모 연행의 경우 한 번에 여러 명을 접견하기도 한다. 변호사 입장에선 한 사람씩 하다간 밤을 새워도 다 할 수가 없으므로 연행자를 몇 명씩 식당이나 당직실에 모아줄 것을 경찰에 요청한다. 경찰들도 대개 호의적이다. 그들 역시 이런 사건이 터지면 집에도 못 가고 진술을 받아야 하는데, 조합원들이 "변호사 접견 전까지 묵비권을 행사하겠다."고 나오면 답답해진다.

변호사들이 연행자들을 만나면 너도나도 하소연부터 나온다.

"어떻게 체포되셨습니까?"
"아 말도 마십쇼. 집회 마치고 가다가 붙잡혔는데 저보고 대나무 휘둘렀다고 난립니다. 사진도 찍혔다 하고……"

연행자 대부분은 일단 잡고 나중에 걸러내기 식으로 무차별 체포된 사람들이다. 담당 형사들은 일단 검거부터 한 다음, 체포한 경찰관들에게 진술을 받고 사진 채증을 토대로 혐의를 입증하려 한다. 규정상 체포한 경찰관이 경찰서까지 동행하여 체포 사유를 진술해야 하지만, 아수라장 속에서 그런 절차가 잘 지켜지지 않는다. 붙잡는 경찰관 따로, 이송하는 경찰관 따로일 때가 많다. 게다가 체포한 경찰관들도 경황 중에 제대로 목격하지 못한 사실을 추측으로 이야기하기도 한다.

더욱이 이날 집회는 밤인 데다 비까지 와서 어두웠으므로 체포 경찰관들의 진술이 매우 부정확했다. 변호사들은 이제부터 이런 점들을 하나씩 밝혀야 했다. 어쨌든 당장의 접견에서는 연행자들에게 앞으로의 신문 절차나 조사 과정에서 주의해야 할 사항을 일러주는 것이 급했다.

1차 접견을 마친 다음 날 신문에 대전 집회에 대한 기사가 실렸는데, 한 보수 언론이 뽑은 기사 제목은 무시무시했다.

'죽창 1000개.'

무슨 민란이라도 일어났다는 투였다. 대부분의 언론은 집회 참가자들의 과격 행위에만 초점을 맞췄다.[1]

언론의 논조에 맞춰 정부의 분위기도 엄정 처벌을 강조하는 쪽으로 흘러갔다. 총 457명 가운데 대부분은 훈방 또는 불구속 입건으로 처리되었으나, 32명에게는 구속영장이 청구되었다. 이제 변호사들은 영장이 떨어진 이들을 2차로 접견하여 영장 실질 심사에 대비해야 했다. 구속영장이 청구된 이들 중에는 경찰관을 차로 친 혐의를 받고 있는 유종구 씨, 집회에 참가했다가 연행된 민주노총 간부도 있었다. 변호사 각자가 대여섯 명씩 피의자들을 맡았다. 개인별로 체포된 정황을 재확인하고 검사의 영장 청구 사유를 꼼꼼히 살폈다. 경찰관 진술에 숨은 허점도 찾아야 했다.

권두섭 변호사는 18일 밤 늦은 시각까지 서울에서 공통 변론 준비를 마치고 19일 새벽에 대전으로 내려왔다. 이른 아침, 권 변호사가 민주노총 대전지부 사무실 문을 열고 들어가자 그때까지도 여섯 변호사들은 피의자들의 변론서를 쓰고 있었다. 이틀 밤을 거의 꼬박 새우고 퀭한 눈으로 컴퓨터 앞에 앉아 있는 젊은 변호사들의 얼굴이 눈에 들어왔다.

민주노총 법률원에서 일하며 흔히 보는 장면이긴 하지만, 권 변호사는 마음 한구석이 뭉클해졌다.

긴장의 승부, 영장 실질 심사

영장 실질 심사는 피의자를 구속시키기 전에 판사가 직접 피의자를 신문해 구속 여부를 결정하는 제도다. 검사가 구속영장을 청구하면 판사는 영장 실질 심사 후 영장 발부를 확정한다. 여기서 검사의 영장 청구가 기각되면 피의자는 불구속 상태로 재판을 받을 수 있다. 당연한 일이지만, 연행된 피의자는 구속영장이 기각되기만을 간절히 기대한다.

이후 재판을 구속 상태로 받느냐 불구속 상태로 받느냐의 차이는 크다. 일단 구속되면 자기를 변론하는 데 제한이 있을 수밖에 없고,

보통 양형(형벌의 정도)도 더 커진다. 상대방의 불합리한 합의 요구에 응하게 되기도 한다.(물론 구속영장이 기각된다고 피의자가 무죄란 뜻은 아니다.) 판사는 혐의의 중한 정도, 피의자가 도주나 증거 인멸의 가능성이 있는지를 살펴 구속 여부를 결정한다.

영장 실질 심사는 판사 앞에서 검사와 변호사가 구두 진술로 치열한 공방을 벌이게 된다. 대개 서면 제출과 간단한 문답으로 끝나는 일반 법정에 비하면 영장 실질 심사는 미국 드라마에 나오는 법정 공방에 가깝다. 검사와 변호사가 서로 주장을 논박하고, 판결도 당일 바로 나온다. 몇 달에서 몇 년까지 걸리는 일반 소송에 비하면 단판 승부다. 그만큼 긴장감도 넘친다. 양측 모두 제한된 증거를 놓고 논고하고 변론해야 한다. 변호사들의 순발력이 무척 중요하다.

법률원 변호사들은 검사 측 주장은 체포한 경찰관의 진술에만 의존하고 있는데, 그 진술의 신빙성이 매우 떨어진다는 점을 집중적으로 부각했다. 실제로 과격 행위를 한 용의자를 정확히 선별해서 체포했을 가능성이 매우 낮다는 것이다.

첫째, 당일 일몰이 19시 30분이었는데 체포 시각은 20시 20분 이후였다. 더구나 비가 와서 시야가 몹시 어두웠다.

둘째, 비가 왔기 때문에 대부분 참가자들이 흰색 비닐 우의를 입었고 비슷한 조끼(노동조합 조끼)를 착용했다.

셋째, 대나무를 들고 경찰과 충돌한 사람들은 시위대 앞에 있었는데, 검거 과정에서 시위대 앞뒤가 엉켜 극히 혼란스러웠다.

넷째, 체포한 경찰관이 경찰서까지 동행하여 진술한 것이 아니며,

타 지역에서 차출된 경찰관들이 대전 지역 경찰관에게 피체포자들을 인계한 후 철수해버려, 체포 사유를 확인하기 어렵다.

유종구 씨의 혐의를 놓고 벌어진 공방은 더 치열했다. 검사는 '차로 경찰관을 치고 도주했다.'는 점을 공권력에 대한 심대한 도전으로 부각하며 집요하게 물고 늘어졌다. 반면 변호인은 검사 논리의 허점을 날카롭게 공격했다.

검사가 먼저 입을 열었다.

"목격한 강기철 순경의 진술에 따르면, 사고 차량이 허동식 경위를 친 후 도주하면서 중앙분리대에 부딪쳐 범퍼 앞이 긁혔고, 앞면과 옆면 유리창도 깨져 있었습니다. 피의자 유종구가 연행된 후 강 순경이 피의자가 운전한 60어7*** 차량을 확인해보았는데, 차량 앞이 긁혀 있고 유리창도 깨져 있어 사고 차량과 같은 차량이라고 증언했습니다."

"판사님, 검사 주장은 허점이 있습니다. 당일 방송 차량은 스무 대가 넘었습니다. 경찰이 방송 차량에 탑승한 시위 참가자를 체포할 때, 경찰봉으로 차의 유리창과 차 문을 무차별로 공격해서 운전 불능 상태로 만든 경우가 대부분입니다. 압수된 차량 상당수가 그런 식으로 앞과 옆 유리창이 깨지고 차 곳곳이 긁혀 있습니다. 따라서 압수된 차량의 특징과 목격한 사고 차량의 특징이 일부 유사하다는 것을 근거로 두 차량을 동일하다고 볼 수 없습니다."

검사가 재차 공격해왔다.

"그뿐만이 아닙니다. 목격자 강 순경은 사고 차량 안에 빨간색 옷을 입은 사람이 타고 있었다고 증언했습니다. 피의자 유종구의 차량 안에서도 빨간 점퍼가 발견되었습니다."

"이의 있습니다. 강 순경의 진술을 보면 '흰색 라운드 티를 입은 사람이 운전을 했고 조수석에 빨간 옷을 입은 사람이 있었다.'고 합니다. 여기서 중요한 것은 차량 안에 빨간 옷이 있었느냐가 아니라 그 차량 운전자가 유종구가 맞느냐, 그리고 유종구가 빨간 옷을 입고 있었는가입니다. 그런데 유종구는 검거 당시 감색 티를 입고 있었고 조수석에 앉아 있지도 않았습니다. 이는 수사 기록에도 나와 있습니다."

변호인은 "따라서 유종구가 사고 차량의 운전자라는 주장은 근거가 빈약한 추측에 불과합니다."라고 결론지었다. 이어 피의자의 노모가 몸이 불편하다는 점, 피의자의 자녀들이 대입을 앞둔 수험생이어서 아버지의 보살핌이 필요하다는 점도 덧붙였다. 피의자가 도주할 우려가 없음을 설명한 것이다.

법률원 변호인단은 모두 함께 변호인 석에 앉아 있었다. 32명의 노동자들이 한 명씩 법정에 들어오면 담당 변호사가 변론을 할 동안 다른 사람은 잠깐 나가서 쉬기도 하면서 하루 종일 법정을 지켰다. 권두섭 변호사는 공봉 변론에서 화물연대 노동자들이 투쟁에 나설 수밖에 없었던 이유, 왜 박종태 씨가 자살했으며 어째서 동료 조합원들이 그토록 분노했는지 차분히 설명했다.

특수고용직 노동자(화물 택배 기사, 학습지 교사, 레미콘 노동자, 골프장 캐디 등)는 사실상 일반 노동자와 같은 조건에서 근무하고 있는데도 법적으로 자영업자로 분류되어 노동3권을 인정받지 못하고 있었다. 노무현 대통령이 취임 전 '특수고용직 노동자의 노동3권 인정'을 공약했으나 여전히 지지부진한 상태였다. 당시 집회도 회사 측이 택배 운송 기사들에게 심한 부당노동행위˙를 해온 것이 근본적인 배경이었다. 택배 회사들은 노동조합을 인정하지 않았고, 일방적으로 수수료를 깎았으며 계약서상에 있지 않은 화물 분류 작업까지 기사들에게 강요했다. 일방적인 수수료 인하에 항의해서 노동자들이 딱 반나절 화물 분류 작업을 거부했더니, 회사는 이를 빌미로 78명을 해고했다. 해고 통보는 문자 메시지 한 통이 전부였다. 성이 난 노동자들이 항의 집회를 열자 공권력이 즉각 투입되었다. 박종태 지회장은 이에 울분을 참지 못하고 극단적 선택을 하고 말았던 것이다.

고 박종태 지회장의 유서 한 대목이다.

저의 죽음이 세상을 바꿀 거라고 생각하진 않았습니다. 최소한 화물연대 조직이 깨져서는 안 된다는 것, 힘없는 노동자들이 길거리로 내몰린 지 43일이 되도록 아무 힘도 써보지 못해서는 안 된다는, 절박한 심정으로 호소하기 위해 선택한 것입니다.

•**부당노동행위** 사용자 측이 노동자의 단결권, 단체교섭권, 쟁의권, 노동조합의 자주성 따위를 침해하는 행위. 단체교섭의 거부나 노동조합의 어용화御用化 등을 예로 들 수 있다. 노동자 측은 노동위원회나 법원의 구제 혹은 고소를 통해 형사처분을 요구할 수 있다.

눈을 감으면 깜깜할 겁니다. 어떻게 승리하는지 저는 보지 못할 겁니다. 그것이 아쉽고 억울합니다……. 날고 싶어도 날 수 없고 울고 싶어도 울 수 없는 삶을 살아가는 모든 이가 행복하고 서로 기대며, 부대끼며 살아가길 빕니다.

또 권 변호사는 감정적으로 격해져 있는 화물연대 조합원들을 경찰이 불필요하게 자극했다고 지적했다. 그것도 집회에서 충돌이 일어난 이유 중 하나였다. 당시 언론 기사에 나오듯이 경찰은 슬픔에 잠긴 노동자들에게 막말을 내뱉었다. 대전 대덕 경찰서장은 집회 참가 노동자들에게 해산 방송을 하며 "(불법 집회는) 개만도 못한 일"이고 "밥줄이 끊길 것" 따위의 말을 했다.[2] 즉 물리적 충돌은 불행한 일이었지만, 회사 측과 경찰의 태도가 참가자들을 몰고 간 책임이 있다는 것이다.

영장 실질 심사는 밤이 되어서야 끝났다. 이윽고 판결이 나왔다. 32명 가운데 12명이 석방되고 20명은 구속이었다. 유종구 씨도 구속으로 결정이 났다. 구속자가 석방자보다 더 많아 안타까웠지만, 그나마 12명이라도 석방된 것은 법률원 변호사들이 최선을 다한 결과였다. 체포된 민주노총 간부는 다행스럽게도 영장이 기각되었다. 이 간부는 집행유예 기간이어서 만약 구속되었다면 실형 선고가 나올 가능성도 컸다. (이후 이어진 재판에서는 구속자들 상당수에게 무죄가 선고되었다. 유종구 씨도 대부분의 혐의에서 무죄가 선고되었고 최종적으로 3백만 원 벌금형만 받고 풀려나왔다.)

밤을 새우며 영장 실질 심사에 매달리는 이유

모든 변호사들이 연행자 접견과 영장 실질 심사에 이만한 노력을 기울이지는 않는다. 이는 민주노총 법률원 변호사들과 외부 변호사들이 크게 다른 점이다. 법률원 변호사들은 영장 실질 심사를 본 재판만큼이나 철저히 준비한다. 권두섭 변호사가 법률원을 시작할 때부터 이어진 전통이다.

일반적으로 사람들은 법을 어기거나 복잡한 일에 휘말려 피의자가 되면 그제야 변호사를 찾는다. 외부 변호사들은 이 시점에서 일을 맡는데, 그때 의뢰인은 이미 구속되어 있는 경우가 많다. 그러나 법률원 변호사들은 연행 시점부터 노동자들을 일일이 접견하는 것은 물론 영장 실질 심사에 제출할 변호인 의견서를 최대한 정성 들여 꾸민다. 이제 막 일어난 사건이어서 판사들도 정보가 부족하기 때문에 파워포인트 자료까지 깔끔하게 만들기도 한다. 구속을 최대한 막기 위해서다.

어떤 노동조합이 파업에 들어갔다가 불법 파업으로 몰려 위원장과 집행부가 경찰에 연행되었다고 하자. 영장 실질 심사에서 위원장이 석방되느냐 구속되느냐가 이후 투쟁에 큰 영향을 미친다. 물론 집행부에 대한 탄압과 구속이 조합원들의 더 큰 분노를 불러일으킬 수도 있지만, 보통은 집행부가 구속되면 조합이 구심을 잃고 동요한다.

그러다가 위원장이 영장 실질 심사에서 석방되면 노동조합은 축제 분위기로 변한다. 회사 측에 밀리고 공권력에 깨지더라도 위원장이 며칠 뒤 돌아와 마이크를 잡는 순간, 분위기가 일변하고 조합원들의 사기가 오른다. 이런 일이 파업의 승패를 가르기도 한다. 그 모습을 민주노총 법률원 변호사들은 늘 옆에서 지켜봐왔다. 그래서 영장 실질 심사가 정말 중요하다는 사실을 굳이 말하지 않아도 잘 안다.

  노동조합이 큰 집회를 마친 시각, 간부들과 조합원들이 저녁 식사를 하는 동안 법률원 변호사들은 밤이면 날개를 펴는 미네르바의 올빼미처럼 어디론가 출동한다. 연행자들을 접견하러 경찰서에 가는 것이다. 연행자 접견부터 실질 심사 준비까지의 과정은 법률원 신입 변호사들의 훈련 코스이기도 하다. 이삼일의 짧은 시간 동안 피의자를 만나고, 증거를 수집해 정리하고, 변호인 의견서를 쓰고, 법정 변론까지 하면서 노동 변호사로서의 기본을 익혀간다. 요즘은 조금 덜 하지만 몇 년 전까지만 해도 토요일에 큰 집회가 있다 하면 월요일까지는 잠을 포기해야 했다. 적든 많든 연행자가 반드시 발생했던 까닭이다.

  영장 실질 심사 결과는 당일 나오기 때문에, 석방 소식을 들었을 때 쾌감도 훨씬 크다. 며칠간 쌓인 피로가 한순간에 날아간다. 석방되었다고 알려오는 들뜬 목소리를 전화로 들을 때 변호사로서의 보람이 솟구친다. (법률원에서는 영장 실질 심사에서 석방 소식을 들으면 담당 변호사가 동료들에게 가벼운 간식을 대접하는 전통이 있다고 한다.)

  물론 일상으로 돌아오면 며칠간 미뤄둬서 쌓인 일을 처리해야 하니 고생이 크다. 게다가 이런 고생을 한다고 수당이 더 늘어나는 것도 아니다. 외부 법률사무소는 영장 실질 심사로 피의자가 석방되면 성공 보수를 받는다. 영장 실질 심사에서 나오면 얼마, 보석으로 나오면 얼마, 집행유예로 나오면 얼마 하는 식인데 영장 실질 심사에서 나올 때 성공 보수가 가장 크다. 법률원은 영장 실질 심사에서 사람들을 석방시켰다고 해서 성공 보수를 받지 않는다. 열악한 노동조합의 사정상 그만한 보수를 줄 수 없기 때문이다.

노동자들의 정당한 투쟁에 힘이 되어줄 수 있다는 자긍심, 부당하게 감옥에 갇힌 사람들의 권리를 지킨다는 사명감, 노동자의 변호사들은 그런 것들을 자신의 성공 보수라고 여긴다.

2장
대법원으로부터 온 전화 한 통

이정표가 될 재판

"권두섭 변호사님? 여긴 대법원입니다. 공개 변론* 일정이 잡혀 연락드렸습니다."

"공개 변론이오?"

2008년 5월 말, 권두섭 변호사는 전화 한 통을 받았다. 그때 권 변호사는 6개월의 안식 휴가를 절반 정도 보내고 있었다. 민주노총 법률원이 생기고 6년 만에 주어진 휴식이었다. 재판 준비에, 연행된 노동자들 접견에, 온갖 노동 입법에 관여하기까지 눈코 뜰 새 없이 보낸 세월이었다. 권 변호사는 오랜만의 여유를 누리는 중이었다.

* **공개 변론** 재판장 앞에서 양측 변호인단과 참고인이 날카롭게 공방하는 재판. 대법원 이진의 허급심은 기본적으로 공개 변론으로 진행된다. 그러나 대법원은 공개 변론을 거의 열지 않고, 대개 양측의 주장을 서면 자료로 제출하게 하여 선고일에 판결만 내린다.

"예. '이영주(가명) 외 1인 대 중앙노동위원장과 주식회사 예스코 사건' 말입니다. 이 사건이 대법원 전원 합의체*에 회부되었고 공개 변론 사건으로 지정되었습니다."

"아 예, 제가 이영주 씨 대리인입니다."

"주요 쟁점은 구 파견법*의 직접고용 간주 조항이 위법 파견에도 적용되는지 여부입니다. 내일 오후 4시에 준비절차 기일*을 진행할 예정입니다. 참석하시기 바랍니다."

이 사건을 공개 변론으로 지정하고 그것도 전원 합의체로 회부한 것은, 이 사건이 그만큼 사회적으로 중요하다는 의미였다. 대법원 판례를 남겨 이후 유사한 사건에 기준으로 제시하겠다는 것이다. 권 변호사는 남은 안식 휴가가 달력에서 지워지는 것을 느꼈지만 본능적으로 대답했다.

"알겠습니다. 시간 맞춰 가겠습니다."

권 변호사는 아직 대법원 공개 변론에 참여한 적이 없었다. 인터넷으로 검색해보니 대법원 공개 변론은 새만금 사건(2006년), 상지대 사건(2007년) 등 당시의 중요한 사회문제를 두고 매달 한두 번씩 열리고 있었다.

- **전원 합의체** 대법원장을 포함한 대법관 14명 전원이 참석하는 재판. 만장일치 혹은 다수 의견 · 소수 의견으로 나뉜다.
- **구舊 파견법** '파견근로자보호 등에 관한 법률'. 파견법은 2006년에 1차 개정되었는데, 그 전의 법을 구 파견법이라 한다. 예스코 재판은 2008년에 열렸으나 사건 발생 시점을 기준으로 구 파견법이 적용되었다.

'누구에게 도움을 구해야 하나?'

권 변호사는 김선수 변호사에게 전화를 걸었다. 김선수 변호사는 노동 변호사들의 좌장 격인 인물이다. 『전태일 평전』의 저자 고 조영래 변호사 아래서 수습 생활을 거쳤고 나중에는 '민주사회를 위한 변호사 모임' 회장을 맡았다. 권 변호사는 대법원 공개 변론 사건을 맡게 되었는데 민주노총 법률원 혼자서는 감당할 수 없을 것 같다, 도와주셨으면 좋겠다고 부탁했고 흔쾌히 그러겠다는 대답이 돌아왔다. 당장 다음 날 준비절차 기일부터 함께 준비하기로 했다.

원고는 주식회사 예스코 해고 노동자 이영주 외 1인, 피고는 중앙노동위원회, 피고 보조 참가인은 주식회사 예스코. 예스코 측은 대법관 출신의 변호사를 선임했다.

사건 경과는 이렇다. 예스코(과거 극동도시가스)는 도시가스를 공급하는 중소 업체로 사원은 약 3백 명인 회사이다. 이영주 씨는 파견 업체를 통해 예스코에 파견되었고, 3년 7개월 동안 근무했다. 그 후 이영주 씨는 예스코의 계약직으로 고용되어(즉 직접고용 되어) 2년간 근무한 뒤 동료 직원과 함께 계약 해지되었다. 이영주 씨와 동료 직원은 이를 부당 해고라며 중앙노동위원회에 제소했으나, 중앙노동위원회는 부당 해고가 아니라고 판정했다. 이영주 씨와 그의 동료는 포기하지 않고 민주노총 법률원과 함께 중앙노동위원회와 회사를 상대로 법원에 해고 무효 소송을 냈다. 사건은 1심 서울 행정법원과 2심 서울 고등법원에서 모두 패소해버렸고 마지막으로 대법원에 상고한

• **준비절차 기일** 대법원 재판 연구관들과 원고와 피고 측 변호사들이 모여 변론 일정을 언제로 할지, 주된 쟁점은 무엇인지, 변론 절차는 어떻게 할지 등을 논의하는 것.

상태였다.

이 사건이 중요한 이유는 대법원이 부당 해고 여부만을 가리기 위해 전원 합의체 공개 변론을 연 것이 아니라는 점이다. 뒤에서 자세히 설명하겠지만, 이 사건에는 파견법 해석을 둘러싼 중요한 쟁점이 있었다. 대법원은 이 논란에 이정표를 하나 세우려는 것이었다.

대법원은 쌍방 변호인들에게 재판 열흘 전까지 준비서면*과 참고인 의견서를 제출하라고 요구했다. 법원은 쟁점에 대한 내용 외에도 판결이 한국 노동시장에 미치는 영향까지 밝히라고 당부했다. 그리 크지도 않은 회사의 해고 사건을 다루는 재판에서 한국 노동시장의 영향까지 고려하라니? 그만큼 이 사건에는 전체 노사관계에서 날카롭게 대립하는 쟁점이 있다는 이야기였다. 공개 변론 일시는 2008년 6월 19일로 정해졌다. 남은 시간은 약 3주.

준비절차 논의를 마치고 나온 김선수 변호사와 권두섭 변호사는 누가 먼저라고 할 것 없이 말을 꺼냈다.

"드림팀을 꾸려야겠죠?"

두 변호사는 그동안 불법 파견 문제와 관련해서 활동해온 변호사와 전문가를 최대한 모으기로 했다. 대법원에서 저렇게까지 나온 이상 하급심 판결을 뒤집을 수도 있었다. 우선 강기탁 변호사, 김진 변호사가 합류했다. 두 사람 모두 노동 변호사로 맹활약 중이었다. 권 변호사는 노동법에 정통하고 변론 실력도 정평이 나 있는 박상훈 변호사에게 전화를 했다. 박상훈 변호사도 발 벗고 나서기로 했다. 5인

• **준비서면** 소송 당사자가 변론 기일에 진술할 사항을 미리 법원에 제출하는 서면.

의 변호인단이 구성되었고, 참고인으로는 한양대 법대 박수근 교수를, 자문으로 파견법 관련 사건 경험이 많은 김철희 노무사와 이 분야를 계속 연구해온 윤애림 박사가 합류했다. 이렇게 해서 아무런 보수도 없이 대법원 소송을 맡은 드림팀이 꾸려졌다.

남은 일은 재판에 이기기 위해 철저히 준비하는 것이었다. 권두섭 변호사는 파견법 해석에 대한 논문을 죄다 모아 자료집을 만들었다. 워낙 양이 방대하여 두꺼운 책자가 두 권이나 나왔다. 이를 참여 변호사들과 참고인인 박수근 교수에게 전달했다. 자료의 양을 보고 모두의 입이 딱 벌어졌다.

불법 파견에도 파견법을 적용하라

예스코 사건의 쟁점을 살펴보기 전에 먼저 파견법에 대해 알아야 한다. 요즘은 세계인력이니 제일용역이니 하는 인력 파견 업체를 거리에서 흔히 볼 수 있다. 하지만 1997년 IMF 위기 이전에는 그렇지 않았다. 당시만 해도 노동자 파견 사업이 법으로 허용되지 않았다.

그 이유는 노동자가 일자리를 찾는데 누군가 끼어들어 '당신을 기업에 알선해주겠다.'면서 중간착취* 이익을 얻을 수 있기 때문이다. 그러나 경영자들은 노동시장이 너무 경직되어 있다, 이래서는 경제 위기에 대처할 수 없다고 주장하며 파견 노동 허용을 요구해왔다. 그러면서 불법적인 파견 노동이 횡행하자, 결국 IMF 직후인 1998년

* **중간착취** 거래 당사자들 사이에 개입하여 부당하게 중간이득을 취하는 일. 특히 노동자와 사용자 사이에 개입해 노동자가 받아야 할 몫의 일부를 가져가는 경우를 뜻한다.

초 '경제위기 극복을 위한 사회협약', 이른바 노사정 합의로 제한된 범위 안에서 노동자 파견 제도를 도입하기로 한 것이다. 이를 계기로 '파견근로자보호 등에 관한 법률'이 만들어졌다.

이 법은 파견의 법적 테두리를 정하려 했다. 기업에 불가피한 사유가 있을 때 일시적이고 간헐적으로 이뤄져야 한다는 것을 전제로 파견 대상 업무를 제한하고 파견 기간은 1년을 한도로 최대 2년까지 갱신할 수 있도록 했다. 파견 업체는 노동부의 허가를 얻어야 했다.

이런 조치들은 파견 노동자의 고용과 노동 기본권을 안정시키는 것이 목적이었지만, 이 법으로 빗장이 풀리자 도리어 파견 노동자가 급증했다. 합법과 불법을 가리지 않고 말이다. 그 이유는 사업주들이 일반적으로 직접고용보다 파견 노동자를 선호했기 때문이다. 파견 업체를 통해 노동자를 고용하면 자신이 직접 지휘해서 일을 시키면서도 노사관계와 관련된 골치 아픈 일들은 몽땅 파견 업체에 맡길 수 있다.

예를 들어 노동자 임꺽정 씨가 A라는 파견 업체에 소속되어 있다고 하자. 그러나 임꺽정 씨는 실제로 B기업에서 근무한다. B기업이 A업체에게 파견 노동의 비용을 지불하면, A업체는 거기서 수수료를 떼고 임꺽정 씨에게 월급을 준다. B기업은 임꺽정 씨의 업무를 감독하고 지시하지만, 임꺽정 씨와는 어떤 노사 협의도 할 의무가 없다. 임 씨와 직접 근로계약을 맺지 않았기 때문이다. 임 씨가 B기업 관리자에게 월급을 올려달라거나 작업상 안전 조치를 요구하면 B기업 관리자는 이렇게 말할 것이다. "당신 회사에 가서 얘기하시오."라고. (이 책의 노동 사건 상당수가 파견 근로의 이런 맹점과 직간접적인 관련이 있다.)

파견법에 따르면, 파견 대상이 아닌 업무에 파견 노동자를 고용하는 것은 불법이었다. 예스코는 이영주 씨에게 파견 대상이 아닌 일을 시켰다. 하급심에서 이 점이 이미 지적되었고, 중앙노동위원회와 회사도 불법 파견이라는 점을 부정하지 못했다. 그러므로 불법 파견인지 아닌지는 더 이상 쟁점이 아니었던 것이다. 그럼 뭐가 문제였을까? 구 파견법의 어디가 논란이 되었던 것일까?

사용 사업주˙가 2년을 초과하여 파견 근로자를 사용하는 경우에는 2년의 기간이 만료된 다음 날부터 파견 근로자를 고용한 것으로 본다.(구 파견법 6조 3항)

이 조항은 고용 의제 조항이라고 한다. 노동자가 파견된 지 2년이 지나면 직접고용 된 것으로 간주(의제)한다는 것이다. 2년이나 지속적으로 해야 하는 일이라면 그것은 해당 업체의 상시적인 업무이므로 더 이상 파견 노동자를 써서는 안 된다는 것이다. 나아가 파견 노동자가 그 회사에 이미 고용된 것으로 여겨진다면, 그를 함부로 해고해서도 안 되고 임금이나 처우에 있어서 차별해서도 안 된다. (그러나 2006년 파견법 개정으로 고용 의제는 고용 의무˙로 후퇴했다.)

- **사용 사업주** 노동자를 실제로 사용(使用)하는 사업주. 파견 노동자가 실제로 일을 하는 작업장의 사업주이다.
- **고용 의무** 즉 2년이 지나면 직접고용 된 것으로 자동 간주하는 것이 아니라, 사업주가 직접고용 할 '의무'가 있다는 것으로 바뀌었다. 직접고용으로 간주되면 사업주가 노동자를 함부로 해고할 수 없지만, 고용 의무만 가질 경우 법원 판결을 통해 고용 의무를 강제해야만 그때부터 고용 관계가 성립된다.

대법원이 묻고 있는 것은 직접고용 간주(고용 의제) 조항이 불법 파견에도 적용되는지였다. 합법적으로 파견된 노동자라면, 2년 이상 근무했으므로 파견법의 적용을 받아 직접고용 된 것으로 보는 게 마땅하다. 그런데 이영주 씨의 경우는 불법 파견이었다. 문제가 복잡해진 것이다. 이런 경우에도 직접고용 된 것으로 간주해야 하는가? 바로 여기에 법의 맹점이 숨어 있었다.

어떤 사업주가 파견 노동자를 사용하다가 그것이 불법 파견이란 사실이 적발되었다고 하자. 그러면 사업주는 '불법 파견이었으니 이제 더 이상 고용 안 하겠다.'고 하면서 파견 업체와 계약을 해지하면 그만이다. 그러면 그동안 파견되어 일해온 노동자는 하루아침에 일자리를 잃는다. 불법 파견은 파견 업체와 사용 사업주 사이에 일어난 일인데, 애꿎은 노동자만 일자리를 잃은 것이다. 노동자는 불법 파견인지도 모른 채 고생은 고생대로 하고, 적발되면 2년이 아니라 3, 4년을 일했더라도 직접고용 되지 못하고 해고당한다. 노동자가 거의 동네북이다. 파견법은 파견 노동자를 보호하기 위한 법인데, 정작 파견 노동자의 권리가 침해될 때 노동자는 법의 보호 밖으로 내몰린다.

중앙노동위원회와 예스코 측은 "불법 파견으로 확정되면 파견 자체가 무효이므로, 회사가 근로자를 직접고용 할 의무는 없다."고 했다. 반면 권 변호사는 그 반대라고 주장했다. 불법 파견된 노동자도 2년이 지났으면 파견법을 적용하는 게 정당하다는 것이다.* 그러나

• 2012년에 다시 개정된 파견법에서는 불법 파견으로 판정될 경우, 근무 기간이 2년을 채우지 않았더라도 사용 사업주에게 직접고용 의무를 부여한다.

두 차례의 하급심 법원은 회사의 손을 들어주었다. 부당 해고 사건을 담당하는 서울 행정법원은, 원고 측 주장에 정당성이 있지만 법이 미비하여 어쩔 수 없다고 했다.

이렇게 되면 사용 사업주는 굳이 합법적인 업체로부터 파견 노동자를 받을 이유가 없다. 합법 파견은 2년이 지나면 노동자를 직접고용 해야 하지만, 불법 파견은 2년 이상 일을 시키다가 무허가 업체라는 이유로 계약을 해지하면 직접고용의 의무를 벗어나니까 말이다. 이는 사용자를 불법 파견으로 유도하고, 파견 노동자의 처지는 더 악화되게 만든다. 그동안 이런 틈새를 악용한 해고가 많았고 법정 다툼도 여러 번 있었다. 하지만 법원은 안타깝지만 법적인 근거가 없어 어쩔 수 없다는 논리를 궁색하게 되풀이했다. 이런 사건들 다수가 대법원에 계류 중이었다.

또 하나의 쟁점이 있었다. 이영주 씨는 불법 파견 기간이 3년 7개월이었고, 그 뒤 예스코가 직접고용(즉 파견 업체를 거치지 않고)을 하긴 했으나 계약직으로 고용했다. 그리고 2년이 지난 뒤에 고용계약을 해지했다. 만약 직접고용 간주 조항이 적용된다고 하면, 파견 후 2년이 지난 시점부터 1년 7개월간 이영주 씨는 이미 예스코에 고용된 노동자였다. 이때 회사가 이영주 씨를 계약직으로 고용해도 아무런 문제가 없는가? 만약 '직접고용으로 간주된다.'는 의미가 정규직 노동자*로 고용된다는 뜻이라면, 회사는 계약 기간 만료를 이유로 이

• **정규직** 근로계약 기간이 정해져 있지 않은 고용 형태를 말한다. 징계 해고나 정리해고가 아닌 한 정년이 보장된다. 비정규직에는 여러 형태가 있는데 계약직, 파견 및 하청, 특수고용직 노동자 등을 들 수 있다.

씨를 해고할 수 없다. 이는 부당 해고에 해당한다.

두 개의 쟁점, 첫째 파견법상 직접고용 간주 조항이 불법 파견에도 적용되는가, 둘째 직접고용으로 간주된 경우 근로계약 기간은 어떻게 되는가, 즉 정규직 노동자로 봐야 하는가. 이 두 쟁점을 이번 공개 변론에서 해결해야 했다. 이는 다른 파견 노동자들의 권리를 위해서도 중요했다.

치열한 변론 준비, 소중한 승리

'드림팀'은 공개 변론에서 각자의 역할을 나눴다. 변론의 핵심적인 사항은 권두섭 변호사가 준비하지만 파견법 입법 과정에서 각계 의견이 어떠했는지, 이번 사건 판결이 이후 노동시장에 어떤 영향을 줄 것인지 등은 담당자를 나눠 대비했다. 상대편 참고인에 대한 반대 신문은 강기탁 변호사가, 상대방 측의 예상 질문에 대한 답변은 김진 변호사가 꼼꼼히 준비했다. 모두冒頭 진술은 박상훈 변호사가 파워포인트를 이용해서 발표하기로 했다. 성실히 준비해왔다는 인상을 주고, 주어진 5분 동안 쟁점을 정확히 짚기 위해서였다. 또 대법관들의 질문에 답하고 최후진술을 할 변호사로는 답변의 무게감을 고려해 김선수 변호사로 정했다.

예스코 측 참고인들은 파견법의 직접고용 간주 조항은 기업 경영에 상당한 부담을 주어 경제 상황을 악화시킬 수 있다는 논리로 의견서를 제출했다. 이런 논리는 재판관들을 심리적으로 압박한다. 경제를 잘 모르는 법관들은 기업 측의 논리에 쉽게 동요한다. 그들의 판결로 인해 기업이 그 많은 파견 노동자를 다 고용하게 되면, 비용이 치솟고 수출도 어려워져 결과적으로 노동자들에게 피해가 돌아간다는 논리 말이다.

여기에 맞서는 논리를 개발해내야 했다. 드림팀은 치열하게 연구하고 토론했다. 각자가 그동안 노동 사건을 다루면서 쌓아온 경험, 노하우, 지식과 열정이 준비 과정에 녹아들었다.

공개 변론 날.

"저쪽은 파워포인트 준비를 따로 안 한 모양인데요?"

"그래도 방심하지 말고, 리허설한 대로 잘 해봅시다."

권두섭 변호사와 박상훈 변호사, 강기탁 변호사는 이미 전날 대법정에서 진행 순서를 미리 짚어가며 리허설까지 마쳤다. 각종 기기는 언제 틀며, 파워포인트 발표와 각각의 변론은 시간이 얼마가 소요되고, 이러저러한 질문에 대한 답변은 누가 할지까지 세심하게 점검했다. 대법정은 무척 넓었고, 백 명 이상도 충분히 참석 가능했다.

박상훈 변호사가 파워포인트 자료로 모두 진술을 시작했다. 모든 자료의 사본은 미리 14명의 대법관들에게 배포했다.

"합법 파견은 고용 기간이 2년을 넘기면 직접고용으로 간주하면서, 불법 파견의 경우에는 그 조항을 면제해준다는 건, 결과적으로 사용주들에게 불법 파견을 활용하라고 조장하는 것입니다. 합법 파견이면 2년 지나 노동자를 직접고용 해야 하지만, 불법 파견이면 안 걸리면 그만, 걸려봐야 벌금 백, 2백만 원 내고 파견 업체와 계약을 해지하면 그만입니다. 그럼 파견 노동자는 일자리를 잃고 사용 사업

2장 • 대법원으로부터 온 전화 한 통 45

주는 부당한 이익을 누리게 됩니다. 이러면 어느 사용주가 합법 파견을 하려고 하겠습니까? 차라리 무허가 업체와 계약하는 게 훨씬 유리하지 않겠습니까?"

이 논리는 대법관들의 심리를 예리하게 파고들었다. 자신들의 판결에 따라 불의를 조장할 수도 있기 때문이다. 한 대법관은 피고 측 참고인들의 시장 논리를 반영한 질문을 원고 측 변호인단에게 던졌다.

"예스코에서 직접고용 간주 조항이 적용되면, 사정이 비슷한 다른 대기업에도 마찬가지로 적용되게 됩니다. 불법 파견된 근로자들을 소급해서 정규직으로 인정할 경우, 인건비가 크게 증가해서 기업 경쟁력이 떨어지고 경제에도 악영향을 미치지 않겠습니까?"

재판 준비 과정에서 권 변호사 팀은 이에 대한 대응 논리를 많이 고민했으나, 최종적으로는 판사들의 두려움을 최소화하는 쪽으로 방향을 잡았다. 파견법이 2006년에 이미 개정되어 고용 의제 조항이 고용 의무 조항으로 바뀌었으므로, 자동 고용된 것으로 간주해야 할 범위는 그리 크지 않고 따라서 경제에 미치는 영향은 충분히 감당할 만하다는 논지였다. 그리고 그것이 사실이기도 했다.•

• 유사한 예로, 2013년 2월 현재 현대자동차는 "사내 하청을 금지하면 자동차 산업의 경쟁력이 떨어진다."는 주장을 반복하고 있다. 그러나 세계 최고의 자동차 산업국 독일은 직접생산 공정에 하청 노동자를 사용하지 않는다. 또한 현대자동차가 8천여 명의 사내 하청 노동자를 정규직으로 전환해도 그 비용은 2011년 현대차 순이익 4조 7천억 원의 6% 수준에 불과하다.

최종 변론으로 김선수 변호사가 존 롤즈의 『정의론』을 언급하며 이번 재판이 비정규직 노동자의 권익과 노동 사회의 정의를 바로잡는 결과를 낳기 바란다고 호소했다. 공개 변론은 그렇게 마무리되었다.

2008년 9월 18일, 판결이 나왔다.

"적법 파견과 위법 파견의 구별 없이 파견 기간 2년이 경과된 모든 파견에 대해 직접고용 간주 규정이 적용되어야 한다. 이 경우 근로관계는 원칙적으로 기한의 정함이 없다고 보아야 한다." [1]

대법관 14인 만장일치였다. 불법 파견의 경우라도 파견 기간이 2년을 넘었다면 노동자를 직접고용 한 것으로 인정되어야 하며, 그 고용 형태는 계약직이 아니라 정규직이라는 것이었다. 권 변호사는 판결 소식을 듣고 함께해온 변호사와 참고인, 자문단에게 전화를 했다. 모두 떨 듯이 기뻐하며 서로 노고를 격려했다. 무엇보다 복직을 위해 오랫동안 싸워온 이영주 씨 등 해고자들이 애타게 기다린 소식이었다. 권 변호사 팀의 주장을 그대로 반영한 판결이었다.

판결문에서는 "파견법의 법망을 벗어나서 파견 근로자를 사용하는 사용 사업주에 대해서도 실질적인 규제를 하고, 법을 지키지 않는 자가 법을 지킨 자보다 유리하게 취급받는 불합리를 없앴다."고 판결의 의의를 설명했다. 이 판례로 그동안 법의 보호를 받지 못한 채 2년이 넘도록 파견 노동 상태로 방치되어 있던 노동자들에게도 직접고용의 문이 열렸다. 이 판결은 『한겨레21』에 의해 2008년 올

해의 판결로 선정되었다.[2]

　대법원 판결이 나면서 원심 판결은 파기 환송 되었다. 고등법원에서 다시 처리해야 할 쟁점이 남아 있었지만, 법원은 조정으로 사건을 마무리하고자 했고 법원의 조정안을 회사가 받아들여 이영주 씨 등은 마침내 복직했다.

　대법원은 이 판결이 파견 노동자들의 고용 안정에 크게 기여하기를 기대한다고 했다. 하지만 아직까지 그 기대가 실현되었다고 할 만한 변화는 보이지 않는다. 그래도 그 후 노동조합이 파견 노동자를 설득할 때 최소한의 비빌 언덕이 생긴 것은 사실이다. 불법 파견된 비정규직 노동자의 입장에서, 투쟁하면 있던 일자리마저 날아간다고 생각하는 것과 정규직이 될 수 있다고 생각하는 것은 엄청난 차이다.

　이 판결을 끌어내는 일에 민주노총 법률원은 큰 역할을 했다. 재판 승소가 민주노총 법률원만의 힘으로 된 것은 절대 아니다. 하지만 노동 관련 법률과 이론 분야에서 활동해온 여러 전문가들이 한 팀을 이루어낼 수 있었던 것은 법률원이 구심 역할을 했기 때문이다. 2002년에 설립되어 재판 당시 여섯 살밖에 안 된 법률원이었지만, 사회적 힘을 효과적으로 모아 노동 기본권을 진전시키는 디딤돌을 놓았다. 물론 대법원의 전향적인 판결은 오랫동안 노동자들이 포기하지 않고 싸워왔기에 가능한 일이었다는 사실도 잊지 말아야 한다.

　그러나 저 판결의 의의를 무로 돌리려는 움직임도 만만치 않다. 현대자동차는 불법 파견된 하청 노동자를 정규직화하라는 법원의 판결에 불복하고 있다. 2012년 2월 23일 대법원은 현대차 사내 하청은 "노무 독립성·경영 독립성이 없으므로 불법 파견이며 정규직 전환 대상이다."라는 판결을 내렸다. 하지만 최근 현대자동차의 대리인인 거대 로펌 김앤장은 헌법재판소에 구 파견법의 직접고용 간주 조항은 위헌이라고 소송을 냈다.

　김앤장의 논리는 이렇다. 국가가 계약의 자유를 침해하고 있다는 것이다. 사용자와 노동자의 계약 조건은 쌍방이 알아서 정할 문제인데, 여기에 국가가 개입해서 "2년이 지났으면 고용된 것으로 간주하라."고 명령하는 것은 사인(私人)들 간의 계약의 자유를 훼손한다는 주장이다. 상대적 약자인 노동자의 노동 기본권 보호는 김앤장에게는 고려 대상이 아닌 것 같다. 김앤장은 "(이 조항이) 기업 경영과 국가 경제에 큰 부담이 된다."는 이야기도 빠뜨리지 않는다. 현대자동차의

현대자동차 비정규직 노동자들이 올라가 있는 고압 송전탑의 모습. ⓒ『노동과 세계』

경제적 위상을 상기시켜 법관들의 보수적 판결을 끌어내려는 속셈이다. 현대자동차는 이 상황을 주시하며 하청 노동자의 직접고용을 차일피일 미루고 있다. 그리고 2013년 현재, 현대자동차 비정규직 노동자들이 고압 송전탑에 올라가 직접고용을 요구하며 농성하고 있다. 그들이 쌩쌩 부는 바람을 비닐 천막으로 겨우 막고 버티는 동안 정부는 아무런 조치도 취하지 않고 있다.

 이런 현실은 노동법의 하한선이 결코 고정되어 있지 않다는 것을 보여준다. 오늘 법 해석상에 한 걸음의 진보가 있다 해도, 내일 그것은 얼마든지 무로 돌아갈 수 있다. 국회에서 법을 만들지만, 그 해석을 사용자에게 유리하게 할 것인가 노동자에게 유리하게 할 것인가를 놓고 매일 새로운 싸움이 벌어진다. 그것이 민주노총 법률원이 존재해야 하는 이유이며, 노동자의 변호사와 노무사 들이 늘 긴장할 수밖에 없는 이유이다.

3장
노동자의 변호사들이 걸어온 길

'로펌'과 민주노총 법률원의 차이

민주노총 법률원은 다른 법률사무소 또는 로펌과 무엇이 다를까? 일단 법률원은 노동조합의 부설 기관으로 노동 사건을 주로 다룬다. 하지만 노동 사건을 전문으로 하는 법률사무소는 적지 않다. 아마도 가장 큰 차이는, 다른 법률사무소들이 일어난 사건을 처리하거나 해결한다면, 민주노총 법률원은 사건을 일으키는 일도 한다는 것이다. 무슨 말이냐고? 권두섭 변호사의 말을 들어보자.

"보통은 소장訴狀이 당사자에게 날아온 후에 그 사람이 변호사를 찾아오면 사건 수임이 이뤄지죠. 그런데 우리는 노조가 투쟁을 시작하면 아예 그 전부터 만납니다. 이러저러한 탄압이 예상되는데 그때 법적으로 이렇게 대응할 거냐, 회사 측이 불법으로 돌아설 텐데 어떻게 대처할 거냐, 이런 것부터 해서 회사 측과 교섭이 진행되는 동안에도 계속 상담하고 함께 준비하죠. 그러다가 파업 들어가서 체포 되고 해고되고 손배(손해배상 청구) 들어오고 하면 그땐 소송까지 맡는 그런 구조거든요."

즉 법률원은 노동 사건 재판만 맡는 게 아니라 노동자들의 투쟁 자체를 돕는다. 재판이나 소송은 그 과정의 일부일 뿐이다. 변호사와 노무사가 투쟁 현장이나 파업 현장에 직접 달려가서 법률 서비스를 지원한다. 예를 들어 회사가 파업 노동자들이 화장실을 사용하지 못하도록 화장실 문을 잠근다든가 할 때 그것이 부당노동행위임을 현장에서 바로 지적한다. 또 법률원은 노동법 제도의 입법이나 개선 과정에도 참여한다. 그러니 법률원이 사건 해결만이 아니라 사건을 일으킨다고 표현해도 틀린 말이 아니다. 단, 법률원이 사건을 일으키는 것은 노동자의 권리를 향상하기 위해서이다.

"파업만 하면 구속, 형사처분······. 파업했다는 이유로 형사처분하는 나라는 대한민국이 유일할 겁니다. 노동조합 간부 하면 전과가 별처럼 붙는 나라도 그렇고요. 아직도 검사나 판사들은 파업을 형사처분하는 게 당연하다 여기죠."

권 변호사의 말처럼 우리 사회의 법과 통념은 노동자들에게 적대적이다. 노동자들은 자신의 당연한 권리를 행사하더라도 언제 해고 당할지, 언제 감옥에 갈지 불안해한다. 법률원은 그런 노동자와 노동조합을 응원하여 당당히 싸울 수 있도록 돕는다.

그래서 법률원 변호사들은 무척 바쁘다. 수십여 건의 소송을 동시에 진행하고, 노동조합을 지원하는 교육 업무나 정책 업무도 맡아야 하기 때문이다. 거기에 예고 없이 불쑥 찾아오는 노동자들과의 상담도 수시로 잡힌다. 노조도 없이 일하다 부당노동행위를 당하고, 어디다 하소연할지 몰라 무턱대고 민주노총으로 찾아오는 노동자들이 많다. 물론 이런 법률 상담은 모두 무료다. 만약 대형 로펌이라면 상담은커녕 예약하고 다시 오라는 이야기나 들을 것이다. 하지만 법률원은 그렇게 할 수 없다. 노동자들이 마지막으로 비빌 언덕이기 때문이다. 그래서 법률원 변호사들에게 조용하고 쾌적한 사무실에서 자기 일에만 집중하는 근무 환경은 그림의 떡이다.

큰 집회라도 있는 날이면 오늘은 어느 경찰서로 갈지 긴장해야 한다. 연행자가 발생하고 구속영장이 떨어지면, 한밤중이라도 접견을 가고 영장 실질 심사를 맡아 또 며칠간 밤을 새워야 한다. 특히 회사가 여름휴가 철을 노려 직장폐쇄를 하는 등 노조를 탄압하면 법률원도 휴가를 반납하기 일쑤이다. 한 예로, 2012년 여름 안산의 자동차 부품 업체 에스제이엠에서 회사 측이 용역 경비 업체를 동원해 노동자들을 쫓아내고 직장폐쇄를 감행한 적이 있었다. 금속노조 법률원 변호사들은 아무도 여름휴가를 가지 못했다.

법률원이 만들어지기까지

민주노총 법률원이 처음부터 빈틈한 계획을 가지고 시작한 것은 아니다. 권두섭 변호사가 사법연수원에 있던 1998년 여름, 민주노총에 외부 실습을 가고 싶다고 연수원 측에 신청했다. 그러나 당시는 민주노총이 아직 합법화되지 않았을 때라 바람을 이루지 못하고 대신 한국노총에서 실습을 해야 했다. 그 뒤로 권 변호사는 사법연수원 노동법학회 회원들과 자발적으로 민주노총을 찾아갔다. 주로 일주일에 세 번씩 법률 상담과 관련된 자원 활동을 했다.

IMF 직후라 일은 무척 많았다. '회사에서 잘렸다, 어떻게 하면 좋으냐?'는 상담 전화가 계속 걸려왔다. 권 변호사는 학회 총무라서 다른 학회원들이 빠진 일정을 대신 채우기도 했다. 연수원을 졸업할 때쯤 자연스럽게 민주노총에서 일하고 싶었고, 권 변호사가 입을 열기도 전에 민주노총 쪽에서 먼저 말을 꺼냈다. "두섭아 너 채용하기로 했다." 그렇게 해서 최초의 민주노총 소속 변호사가 탄생했다.

권 변호사가 민주노총에 온 지 3년째 되던 해 민주노총 법률원을 만들자는 제안이 민주노총 내에서 슬슬 나오기 시작했다. 2001년 하반기부터 권두섭 변호사가 '법률원 설립 프로젝트'를 맡았다. 처음에는 경륜과 명망이 있는 노동 변호사들을 초빙하는 쪽으로 일을 추진했다. 그러나 아직은 노동조합이라는 조직 안에서 변호사 활동을 한다는 것이 낯설던 때였다. 변호사들이 별도의 사무실을 두고 독립적으로 활동하던 방식을 바꾸기는 쉽지 않았다. 최초의 멤버를 모으는 일부터 암초에 부딪쳤다.

권 변호사의 회상이다.

"제 연수원 동기 중에 강문대 변호사라고 노동 법률사무소 '한울'에서 일하고 계셨어요. 당시 민주노총에는 증거자료에 찍는 도장도 없을 때라, 재판 대응을 해야 할 때 문대 형 사무실에서 도장이나 용지를 빌려 쓰곤 했어요. 가서 보면 강문대 변호사는 사건에 치여서, 사건이 80건 뭐 이래서, 밥 먹듯이 밤을 새우고 이건 뭐 인간의 삶이 아닌 거야. 저도 일 있으면 그 사무실 가서 같이 밤새우고 하다가 말을 꺼냈죠. '형, 민주노총 법률원을 만들려고 한다, 급여는 절반도 안 되겠지만 한번 같이 해보지 않겠냐.' 강 변호사가 '그래 같이 해보자. 이렇게 사는 건 아닌 거 같다.' 이래서 맨 먼저 강문대 변호사가 합류했죠."

그다음으로 합류한 사람이 권영국 변호사이다. 권영국 변호사 역시 파란만장한 이력의 소유자다. 권영국 변호사는 '풍산금속'이란 회사에서 노동운동을 하다가 해고되고 감옥 생활만 4년이나 했던 활동가였다. 노동운동 경력 때문에 취업 길이 막혀버리자 사법시험을 쳐 늦깎이로 합격했다. 권영국 변호사는 권두섭 변호사의 고향 선배이지만 사법연수원 기수로는 2년 후배였다. 그가 연수원을 졸업하면서 노동 변호사로 진로를 찾을 때 민주노총 법률원 설립이 추진되던 참이어서 자연스럽게 한 팀이 될 수 있었다. 더불어 권영국 변호사의 연수원 동기인 김영기 변호사도 합류하여 최초 4인의 멤버가 의기투합했다.

2002년 2월 1일, 민주노총 법률원의 개소식이 조촐하게 열렸다. 멤버들이 시끌벅적한 걸 싫어하다 보니 떡과 과일 몇 접시 돌리는 것으로 행사를 치렀다. 법률원장은 연배도 있고 노동운동 경력도 있는 권영국 변호사가 맡았다. (권영국 변호사는 2005년까지 법률원장을 역임했

3장 • 노동자의 변호사들이 걸어온 길 55

다.) 법률원 이름은 '여는'으로 정했다. 네 사람의 성격상 색깔이 너무 튀지 않는 이름을 찾았는데, '여는'은 앞에 뭐든 갖다 붙여도 말이 된다는 이유였다. 새날을 여는, 노동 해방을 여는, 인간 해방을 여는.

강문대 변호사는 법률원에 있다가 2004년 민주노동당이 국회에 입성했을 때 단병호 의원 보좌관으로 들어갔다. 강 변호사는 법률원 생활 동안 자신의 바람과 달리 이전보다 더 바빠졌다. 그건 강 변호사의 경험과 능력 때문인데, 권두섭 변호사는 그때만 해도 소송 경험이 별로 없었고 권영국 변호사와 김영기 변호사는 연수원을 졸업한 지 얼마 안 되었기 때문에 강 변호사에게 사건이 제일 많이 몰렸던 것이다. 민주노총이 사무실 공간은 내줬어도 예산은 지원해줄 형편이 아니었으므로 사무실 재정은 오로지 사건 수임료만으로 해결해야 했다.

권 변호사는 민주노총 법률원이 설립된 당시를 야근의 연속으로 추억한다. 설립 직후부터 2002년 발전노조 파업, 같은 해 보건의료노조 파업 등 굵직한 사건이 이어졌고 한 해 연행자 수도 천 명이 넘을 정도였다.

"일하다가 밤 11시쯤 되면 김영기 변호사가 '라면 드실래요?' 하고 물어요. 라면 끓여 먹으면서 이런저런 얘기하고. 피곤하면 사무실에서 자려고 조립식 야전침대를 두 개 사놨어요. 등받이를 천으로 대놓은 거요. 그런데 네 명이 다 야근을 하면 둘만 그걸 쓸 수 있잖아요. 침대를 못 차지하면 의자를 서너 개 붙여 자기도 하고…….

일은 많고 경험자는 적고, 투쟁은 또 날마다 있고 연행도 많고. 정말 사람 사는 게 아니었죠."

법률원의 진짜 개소식은 따로 있었다. 법률원 설립 직후 터진 발전노조 총파업이었다. 이때 변호사들이 호되게 고생했다. 발전노조는 조합원만 5천 명에 이르는 대형 노조인데, 정부가 발전 산업을 매각하려고 하자 이를 저지하기 위해 파업에 들어간 것이다. 발전노조와 함께 철도공사, 가스공사 등 다른 대형 공기업들도 '공기업 사유화 저지'를 걸고 동시 파업에 들어갔다.

언론과 정부는 국가 기간산업을 마비시키는 행동이라며 비난을 퍼부었다. 이러한 압박에 밀려 동시 파업에 들어갔던 가스공사와 철도공사는 얼마 지나지 않아 파업을 풀었다. 발전노조만 파업을 이어갔고, 법률원은 권영국 변호사를 주심 변호사로 정해 대응했다. 권영국 변호사는 명동성당의 발전노조 농성장에 아예 터를 잡고 법률 지원 활동을 계속했다.

발전노조 집행부의 지침에 따라 5천여 조합원들은 전국 곳곳으로 산개했다. 일손을 놓고 사라져버린 것이다. 경찰은 조합원들이 흉악 범죄자라도 되는 양 집요하게 추적했고 강원도부터 충청도까지, 목욕탕과 공원을 가리지 않고 그들을 연행했다. 연행 소식이 법률원에 속속 전해져 왔고, 너무 먼 곳이라 변호사들이 당장 접견을 갈 수 없을 때는 경찰서에 전화를 해 조합원들에게 법률적 조언을 해주었다. 그럼 때마다 경찰과도 매번 싸워야 했다.

"조합원들이 폭력적 행동으로 회사 업무를 방해한 것도 아닌데 왜 마구잡이로 연행합니까? 그런 연행은 불법입니다. 석방하세요."
"아, 연행한 게 아니라 임의동행*한 것뿐입니다."

그러면 변호사들은 "그런 식의 임의동행 역시 불법"이라고 전화통에 대고 소리를 질러야 했다. 발전노조는 38일간 버티다가 파업을 철회했다. 파업을 완벽한 성공으로 마무리하지는 못했지만, 이어진 회사 측의 탄압, 징계 및 해고 조치는 막을 수 있었다. 조합원들이 현장에서 계속 투쟁하고 법률원도 잘 대응하여 노조 위원장 한 명을 빼고 해고자 전원이 복직되었다. 법원은 회사가 청구한 막대한 손해

노동자들의 든든한 버팀목, 민주노총 법률원 사람들. ⓒ민주노총 법률원

• **임의동행** 피의자의 동의를 구해 수사 기관까지 동행하는 것. 피의자의 승낙이 전제이며 피의자의 신체적 자유를 빼앗을 수는 없다.

배상(425억 원)을 기각했고 반면 회사 측이 저지른 부당노동행위는 인정했다. 법률원은 첫 사건으로 호된 개소식을 치르긴 했지만 결과는 훌륭한 편이었다.

노동자의 곁에 남아 있는다는 것

창립 이후 법률원의 역량은 나날이 발전했다. 뛰어난 변호사와 노무사 들이 꾸준히 들어왔고, 2004년 민주노동당의 국회 진출과 함께 노동 입법에 참여한 경험도 늘었다.

그러나 어려움도 많았다. 우선 재정적인 불안정이다. 민주노총 소속이지만 법률원 재정은 독립적으로 운영된다. 소송을 통해 얻는 수임료가 수입의 대부분인데, 찾아오는 노동조합들 형편이 다들 고만고만하다. 노동조합에 법률 자문을 하고 수익을 얻기도 하지만 그것도 그다지 많다고 할 수 없다.

외부 로펌들은 사건 수임료가 높다. 사건의 난이도마다 차이는 있지만 수임료가 5백만 원, 1천만 원이 넘어가는 경우도 많다. 만약 노동조합이 규모가 크다면 재정적으로도 여유가 있다. 하지만 그런 노조는 대개 힘도 있고 회사와의 관계도 원만한 편이다. 소송 자체가 별로 없다는 이야기다. 노조가 힘이 없을수록 회사의 탄압도 심해지고 그러다 소송까지 가게 된다. 이런 노조에 재정적 여유가 있을 리 없다. 법률원의 수임료는 사건의 난이도에 따라 150~250만 원 선인데, 노조가 이 정도의 수임료도 내기 힘들어 별도의 수익 사업(일일 주점, 장터 같은)을 벌여 갚기도 한다. 집단 소송을 맡게 되면 그나마 형편이 나은 편이다. 그러나 그중에도 수임료를 도저히 낼 수 없을 정도로 어려운 노동자들이 있어, 재정적 불안정은 쉽게 해결되지 않는다.

노동조합이 안정된 선진국은 어떨까? 권 변호사는 독일 노총의 예를 든다. 독일 노총은 각 산별 노조˙들이 재정을 분담하여 법률원을 운영하고, 조합원의 노동 사건은 모두 무료라고 한다. 독일 노총에서 고용한 변호사 수는 360여 명이다. 현재 민주노총 법률원은 변호사 14명, 노무사와 송무 지원 간사들까지 합쳐 30여 명쯤 된다. 변호사만 놓고 보면 스무 배도 넘게 차이가 난다.(물론 독일 노총은 조합원이 6백만 명이 넘어 민주노총보다 열 배 가까이 크므로 단순 비교할 수는 없다.)

변호사 네 명이 의기투합해 시작한 민주노총 법률원은 지금 서울과 지역에 다섯 곳의 사무실을 운영하는 큰 조직으로 성장했다. 식구도 많이 늘었다. 그런데 법률원을 같이 만든 최초 멤버 가운데 권두섭 변호사만 남았다. 지금까지 많은 변호사와 노무사 들이 법률원을 거쳐 갔다. 물론 법률원 밖에서도 그들은 인권 분야와 노동 분야 등에서 정력적으로 활동하고 있다. 하지만 법률원의 이직률이 높은 것은 사실이다. 특히 변호사들은 3년을 버티는 사람이 적다. 왜 변호사들은 법률원에 오래 있지 못할까?

"열정이나 책임감 이런 건 확실히 넘쳐요. 그런데 여건 자체가 사

• **산별 노조** 산업별 노동조합의 줄임말. 기업이나 직종, 숙련이나 비숙련의 구별 없이 동일 산업에 종사하는 노동자 전체가 속한 노동조합을 뜻한다. 이와 대조적인 형태로 기업별 노동조합이 있다.

람을 성장시킬 수 있는 구조가 아니었다고 할까요. 소송만 하면 참 편할 텐데, 소송만 있나요? 전화 상담하고 현장 상담하고 접견 가고, 사람이 자기 계획에 따라 오늘은 이 서면 쓰고 내일은 무슨 약속 잡고 이렇게 하면 좋을 텐데, 갑자기 누가 연행되었다 하면 하던 일 다 미뤄놓고 영장 실질 심사에 매달리고, 그 일 하느라 주말 사라지고. 이런 게 스트레스를 주죠. 물론 그런 경험으로 성장도 하지만, 몸에서 뭔가 뽑히는 기분이라고 할까. 여유가 있으면 서면 하나를 써도 공부를 더 해서 더 잘 써볼 텐데, 논문 하나라도 더 읽어볼 텐데, 이런 생각이 들죠."

한편 법률원 사람들은 노동자들과의 만남에서 활력도 얻지만, 노동자들이 길고 고통스런 싸움을 하는 동안 종종 그 고통이 전이되는 경험을 한다. 파업 투쟁은 일시적이지만 해고 무효 여부를 다투는 소송은 몇 년씩 이어진다. 노동자는 몸과 마음, 인간관계까지 큰 상처를 입는다. 심하면 자살이란 단어를 머릿속에 떠올리기도 한다. 노동자들이 힘들어하면 그들을 돕는 변호사와 노무사 들도 힘겹다.

2007년 이랜드-뉴코아 노동조합 투쟁 당시 뉴코아 노동조합을 지원하던 변호사가 있었다. 당시 회사 측은 노조를 악마 보듯 대했고 노조 역시 죽기 아니면 살기로 싸울 수밖에 없었다. 그러다 체포 영장이 발부되어 노조 간부들이 민주노총 건물에서 수배 생활을 하게 되었다. 밖의 조합원들은 회사 측의 탄압에 대해 간부들에게 계속 연락하고, 간부들은 다단 변호사에게 자신들의 억울한 심정을 마냥 연했다. 그러다 보니 변호사가 노조 간부들의 심리 상담까지 해주게 되었는데, 그런 시간을 1년쯤 보내고 나니 변호사 본인이 정신적으로 지쳐버린 것이다. 그는 법률원을 그만둘 생각까지 했고, 한 달을 쉬고 난 후에야 복귀할 수 있었다. 권 변호사는 그런 모습을 지켜보며 아무것도 해주지 못해 마음이 아팠다고 한다.

이렇게 몇 년이 지나면 최초의 열정도 시들게 된다. 그렇다고 그만두는 사람들이 법률원에 불만을 제기하는 것도 아니다. 그저 남은 사람들에게 미안하다는 말을 남기고 떠난다. 이런 일들이 반복되면서 몇 년 전 법률원 멤버들의 재충전을 위해 안식 휴가 제도가 만들어졌다. 변호사, 노무사, 송무 지원 간사 누구든 6년 근속 시 6개월의 유급휴가를 보낼 수 있다.

초창기에 법률원을 지탱한 것은 멤버들의 무한한 열정이었다. 노동운동에 대한 애정, 노동조합에 대한 신념, 노동 변호사로서의 자긍심, 뭔가 제대로 해보겠다는 열정이 남다른 사람들이 모였다. 하지만 지금은 열정만이 법률원 최대의 무기는 아니다. 10년의 경험 속에 노동 사건에 필요한 전문적 역량이 상당히 축적되었다. 권 변호사는 신입 변호사들에게 "변호사는 의사와 같다."고 말하곤 한다. 의사가 생명을 귀하게 여기는 마음과 의료 기술에 대한 전문성을 동시에 갖춰야 하듯, 노동 변호사들도 노동운동에 대한 열정과 법정 싸움에 대한 전문적인 실력이 필요하다고. 권 변호사는 장래 법률원 내부에 연구소를 만들 계획도 갖고 있다.

이전까지 민주노총 법률원은 노동자의 편에서 일하겠다는 뜨거운 열정을 의미했지만, 지금은 거기에 더해 노동 사건에 관한 한 대한민국 최고의 전문가 집단임을 의미한다. 한 예로 『월간 노동법률』이

뽑은 '2011년 10대 노동 판례'에는 법률원이 주심이었거나 공동으로 대응한 사건이 무려 일곱 개나 된다. 그동안 법률원이 승소한 사건에는 노동법 해석에서 중요한 기준이 된 사건들도 여럿이다. 앞서 본 예스코 사건은 그중 하나일 뿐이다.

  이제부터 민주노총 법률원 변호사, 노무사 들과 함께 지난 10년 동안 대한민국을 뒤흔들었던 대표적인 노동 사건들을 살펴볼 것이다. 변호사들의 이야기는 복잡한 사실 사이에 숨은 노동 사건의 핵심적인 문제점을 알려주고, 노동자 당사자들의 이야기는 사건의 현장감을 생생히 느낄 수 있게 한다. 그들과 함께 대한민국 법과 노동의 현실로 들어가 보자.

2부
대한민국을 뒤흔든
노동 사건 10장면

여는 장
위기에 처한 노동3권

1816년에 영국 스톡포트의 모자 제조공들이 노동조합을 결성하고자 모의하다가 체포되었다. 판사는 그들에게 2년의 징역형을 선고하면서 다음과 같이 말했다.

> 가장 미천한 신민도 왕국의 최고 명사들 수준의 법적 대우를 받는 이 행복한 나라에서는 모든 사람이 똑같이 보호받으며, 따라서 조합을 결성하는 것은 결코 있을 수 없는 일이다. 상식적인 예의만 있어도 우리는 잭슨 씨처럼 100명 내지 130명의 일손을 고용한 사람을 사회의 은인으로 존경하지 않을 수 없다.[1]

우리는 근대 시민들이 왕과 귀족의 체제에 혁명을 일으켜 자유를 움켜쥐었다고 알고 있다. 그러나 그 자유는 신분 이동의 자유, 소유의 자유, 계약의 자유 같은 것들이었다. 이러한 자유가 보장되자 자산 계급 시민들은 노동자를 고용하여 자유롭게 그들의 노동을 착취했다. 산업혁명과 함께 상품생산이 커지면 때보다 증가했지만 노동자들은 장시간의 비인간적 노동 속에 시들어갔다. 19세기 영국에서는 열 살짜리 소년이 일곱 살 동생을 데리고 새벽 다섯 시부터 밤 아홉 시까지 방적 공장에서 일하는 것이 흔하디흔한 광경이었다.

하지만 노동자들이 수적으로, 의식적으로 성장하면서 자신들의 권리를 획득하려고 싸우기 시작했다. 그런데 고용주에겐 해고라는 막강한 무기가 있다. 상대적 약자인 노동자가 고용주와 맞서려면 우선 '단결'해야 한다. 단결의 구체적인 형태가 바로 노동조합이다. 한 사람 한 사람의 노동자는 무력하지만, 노동조합으로 단결하면 힘이 생긴다. 그 힘을 바탕으로 고용주와 만나 임금과 노동조건 등을 '교섭'한다. 교섭을 유리하게 이끌기 위해 필요하다면 '단체 행동'에 들어간다. 대표적인 단체 행동이 파업이다.

고용주와 노동자의 관계에 국가는 어떻게 대처했을까? 처음에는 노동자의 단결 활동을 아예 불법으로 여겨 형사처분했고, 나중에는 손해배상 등 민사적 책임을 묻는 식으로 억압했다. 그러나 억압할수록 노동운동은 더 거세졌고, 다수의 시민들이 노동 기본권을 법적 권리로 인식하게 되면서 단결권·단체교섭권·단체행동권이 '노동3권'으로 인정되었다. 왜 '3권'이냐 하면, 이 세 권리가 서로 유기적인 관계를 갖기 때문이다. 단결권이 없으면 단체교섭권이 실현되기 힘들고, 단체행동권이 없으면 단결권이 별 의미가 없다. 만약 노동조합에게서 파업의 권리를 빼앗는다면 회사의 부당노동행위에 무엇으로 대응하겠는가. 그래서 노동3권은 무엇은 허용하고 무엇은 허용하지 않는다는 식으로 해석할 수 없다. 그야말로 가장 기본적인 권리이다.

오늘날 노동3권은 대부분의 나라에서 헌법상 기본권으로 보장되어 있다. 그 시초는 1919년 독일에 있었던 바이마르 공화국의 헌법이다. 현재 독일 헌법은 명시적으로는 단결의 자유만을 보장하고 있으나 단체교섭권과 단체행동권이 단결의 자유에 포함된 것으로 해석한다. 프랑스는 1946년 제4공화국 헌법 전문에서 노동조합 활동권과 파업권을 보장하며, 이탈리아 헌법은 단결권과 쟁의권을 명확히 구분하여 보장하고 있다. 일본은 헌법 제28조에서 노동3권을 명문으로 보장하고 있다.[2] 대한민국 헌법 제33조 1항에서도 "근로자는 근로조건의 향상을 위하여 자주적인 단결권·단체교섭권 및 단체행동권을 가진다."고 하여 노동3권을 분명히 명시하고 있다.

그러나 헌법에 노동3권이 명시되어 있어도 실제 산업 현장의 노동자들은 그 권리를 느끼지 못하고 있다. 2010년 실시된 여론조사에서도 국민 절반이 오늘날 노동3권이 보장되지 않고 있다고 응답했다.[3] 물론 정부가 대놓고 노동3권을 없애겠다고 말하지는 않는다. 어쨌든 헌법은 헌법 아닌가. 그런데 어째서 노동 기본권이 점차 벼랑 끝으로 밀려간다고 느끼는 것일까. 노동법 전문가들은 국가가 헌법의 정신을 교묘하게 어기고 있다고 말한다. 그들은 국가가 크게 세 가지 범주에서 노동 기본권을 위기로 몰아간다고 지적한다.[4]

첫째는 법 자체로부터 오는 위기다. 국가가 노동 기본권을 침해하거나 제한하는 법을 도입하는 경우이다. 비정규직의 사용을 합리화해주는 비정규직 보호법, 민주 노조를 위축시키는 창구 단일화 제도, 근로시간 면제 제도 타임오프 time-off, 공익사업장의 필수 유지 업무 제도 등이 대표적이다.

둘째로는 법의 적용으로부터 나오는 위기다. 사법부는 법 소송을 노동자들에게 불리하게 해석하고 정부는 자의적으로 법 집행에 나선다. 정리해고 요건인 '경영상의 긴박한 필요'라는 조항을, '미래의 기업 경쟁력 강화를 위해 필요하다면'이라는 식으로 넓게 해석한다든가, 쟁의행위만 했다 하면 업무방해죄를 들이대어 불법 파업으로 몰아가는 것 등을 들 수 있다.

셋째로는 필요한 법을 만들지 않아서 생기는 위기다. 정작 필요한 법을 국회에서 제정하지 않거나 미루는 것이다. 대표적인 사례로 학습지 교사, 화물 택배 기사, 골프장 캐디 등 특수고용직 노동자의 노동 기본권에 대한 입법은 10년도 넘게 미뤄지고 있다.•

다음 장부터 노동 기본권의 위기 속에서 민주노총 법률원의 변호사, 노무사 들이 어떻게 대처해왔는지 보여주려 한다. 안타깝게도 그들이 맡은 사건을 모두 다루지는 못했다. 워낙 많고 다양하기 때문이다. 그래서 노동 기본권의 위기를 유형별로 보여주는 대표적인 사건을 골랐다.

법률원 사람들은 힘과 숫자에서 불리한 싸움을 해야 한다. 저쪽에는 '기업의 이익이 곧 모두의 이익'이라는 시장 논리, 사용자의 손을 잡아주는 공권력, 보수적인 사법부, 노동운동을 불온시하는 사회적 시선이 있다. 이쪽에는 어려움에 처한 노동자들과, 자유와 평등이라는 보편적 법 정신을 방패로, 발로 뛰며 힘들게 수집한 증거와 치밀한 논리를 창으로 삼는 변호사와 노무사 들이 있다. 그 승부의 결과에 따라 우리 사회의 노동 기본권은 한 걸음 나아가기도 하고 또 물러나기도 한다.

• 특수고용직 노동자의 일부는 현행 근로기준법으로도 노동자성을 인정할 수 있지만, 현실에서는 그렇게 하지 않고 있다. 이 경우는 둘째 범주에 해당한다.

1장
당신이
아픈 이유,
누가 답해야 할까

삼성반도체 백혈병 사건

당신이 공장 노동자인데, 작업 중에 그만 프레스 기계의 오작동으로 한쪽 손목을 잃었다고 하자. 매우 슬픈 일이지만, 불행 중 다행인 것은 당신이 산재보험법(산업재해보상보험법)에 의거해 국가로부터 치료비(요양비)와 휴업 급여, 장해 급여를 받게 된다는 것이다. 당신이 당한 재해는 법이 지정하는 업무상 사고로 규정될 것이며, 국가가 운영하는 산재보험이 당신에게 돈을 지급할 것이다.

그런데 이런 경우도 가정해보자. 당신이 어느 회사를 다니다 그만둔 지 일 년이 지나 몸이 아파 병원에 갔더니 암에 걸렸다는 진단을 받았다. 당신은 회사를 다닐 때 다루었던 약품이 발암물질이 아닐까 추측한다. 그러나 프레스 기계와 달리 이것이 산업재해인지 아닌지 딱 잘라 말하기가 어렵다. 이때 암 발병의 원인이 당신의 과거 업무

• 2007년 삼성반도체에 근무하던 황유미 씨의 백혈병 사망으로 공동 대책위원회 결성되나 법원이 2011년 1심에서 원고 5인 중 황유미 씨를 포함한 2인의 업무상 재해를 인정했으나 근로복지공단과 나머지 3인 모두 항소한 상태이다.

와 관련이 있는지 없는지 누가 밝혀야 하는가? 당신인가, 회사 또는 국가인가?

우리 사회의 현행법은 당신에게 입증 책임을 묻고 있다. 이제 당신은 회사에 가서 일 년 전 업무와 관련된 기록을 받아내야 하고, 전문가를 불러 그 업무 중에 발암물질과 관련된 업무가 있는지 그리고 그 발암물질과 당신이 접촉했을 가능성이 있는지도 검증해야 한다. 또 그 발암물질과 당신의 암 사이에 어떤 의학적 인과관계가 있는지도 밝혀야 한다. 만약 회사가 당신의 주장에 반박하고 국가(근로복지공단)가 산업재해로 인정할 수 없다고 한다면 기나긴 재판에 들어가야 한다. 재판에서 승소하기 전까지 치료비와 재판 비용은 물론 당신이 감당해야 한다.

다시 묻자. 아픈 이유를 밝혀야 할 사람은 노동자 자신, 즉 여러분 자신이어야 하는가?

삼성과 싸우는 노무사

서울 사당동 주택가로 '반올림' 사무실을 찾아갔다. 반올림의 정식 명칭은 '반도체 노동자의 건강과 인권 지킴이 반올림'이다. 2007년 3월, 삼성반도체에 근무하던 황유미 씨가 급성 골수구성 백혈병으로 사망했고, 유족 및 활동가들이 모여 산업재해 인정과 보상을 요구하는 대책위원회를 결성했다. 첫해에 대책위는 반도체 산업의 전문지식을 파악하지 못해 우왕좌왕했다. 반올림은 그 대책위원회를 모태로 하여, 보다 체계적으로 반도체 산업 직업병 피해자들을 지원하기 위해 만들어졌다. 반올림의 결성부터 그 중심에서 활동한 이가 이종란 노무사이다. 5년이 넘도록 이 노무사는 반도체 산업 직업병 피해자 그리고 유족 들과 함께 거대 기업 삼성과 싸웠다.•

반올림의 집계에 따르면, 2012년 6월 기준으로 알려진 반도체 산업 직업병 피해자는 150여 명이다. 이는 단지 당시까지 밝혀진 숫자에 불과하며 현재도 계속해서 제보가 들어오고 있다고 한다. 150여 명의 피해자들 가운데 삼성에서만 56명이 백혈병, 뇌종양 등 희귀 질병으로 사망했다. 현재 1차 산업재해 승인 행정소송을 시작으로 2차, 3차 연달아 소송을 진행하고 있다.

반올림은 단독주택을 개조하여 사무실로 쓰고 있었다. 사무실의 겉모습만 봐선 삼성에 맞서는 겁 없는 단체라고 상상하기 힘들었다. 거기서 만난 이종란 노무사는 서글서글한 웃음이 매력적인 사람이었다. 몇 년 전 그와 삼성 이건희 회장의 이름이 언론에 나란히 등장한 적이 있었다.

"삼성 앞에서 백혈병 사망 노동자 추모제를 했더니 그게 미신고 불법 집회라는 거예요. 경찰에 출두하라고 전화가 한 번 왔는데 내가 못 갔어요. 그랬더니 우리 집 앞에서 날 연행했어요. 경찰서에 갔는데 하필 그날 이건희가 특별 사면되더라고요. 기가 막혀서. 그냥 묵비(묵비권 행사)만 하고 있으니까 그날 풀어주더라고요."

• 이종란 노무사는 당시 민수노총 법률원 경기사무소에서 재직할 때부터 이 일을 주도해 왔고 2010년 6월부터는 반올림에서 상근 활동을 하고 있다.

조세 포탈·배임·횡령 등의 혐의로 유죄 판결을 받은 이건희 회장에게 특별 사면이 내려진 날이 2009년 12월 29일이다. 공교롭게 이 노무사도 그날 체포되었다. "범법자 이건희는 사면하고 삼성에 맞선 노무사는 체포하느냐."[1]는 비난 여론이 일자, 경찰도 부담스러웠는지 당일 그를 석방했다. 사실 누가 봐도 무리한 연행이었다.

이 노무사는 삼성반도체 백혈병 사건의 특징을 세 가지로 설명했다.

"일단 백혈병이 업무상 질병이냐는 쟁점이 있죠. 백혈병이나 림프종 같은 혈액암이 '직업성 암'이냐, 이걸 의학적으로 밝혀내는 것이 대단히 어렵죠. 둘째는 반도체 같은 첨단 전자 산업에서 직업병이 발생하는 것을 입증하는 어려움이 있어요. 사람들이 텔레비전에 나오는 반도체 공장을 생각하면 엄청 깨끗하고 청정한 이미지를 떠올리잖아요. 그 이미지에 가려져서 거기에 산재 사고가 일어난다는 것을 믿지 않으려고 해요."

"우주복 같은 하얀 옷을 입고, 마스크 쓰고, 첨단 자동장치 속에서 일한다는?"

"단적으로 산재보험 요율(사용자가 부담해야 하는 산재보험료의 비율)이 전자 산업이 제일 낮아요. 요율은 업종마다 다른데 사고가 많이 일어나는 업종은 아무래도 산재보험 요율이 높죠. 가령 건설이나 금속 업종은 몇십 퍼센트 이상이에요. 그런데 전자 산업은 7퍼센트에 불과해요. 사람들이 안전하다고 본다는 거예요. 반도체 산업에서 일하는 노동자들 그리고 그 가족들은 안전한 데서 일한다고 좋아하죠. 이런 데서 무슨 직업병이 생길까, 방진복이 보호해줄 거다, 그런 오해 때문에 직업병 발생을 알기가 더 어렵죠."

"셋째 특징은요?"

"무노조 경영 삼성이라는 거죠. 노동 기본권에 당연히 노동자의 건강권이 포함되어 있지만, 노동3권이 보장되지 않으면 건강권은 지켜질 수가 없어요. 그리고 근로복지공단에 산재 신청을 해도 삼성이 가진 파워 때문에 도리어 공단이 삼성 눈치를 봐요."

백혈병 등 희귀 질병의 직업성 암 입증 문제, 첨단 전자 산업에서 직업병 입증 문제, 초대형 기업 삼성에서의 산업재해 입증 문제가 이 사건의 성격을 강하게 규정한다. 이 노무사는 "도대체 한 회사에서 백수십 명의 희귀 질환자가 생기고, 그것도 20~30대 젊은 나이에 발생했다는 것이 어떻게 우연인가요?" 하고 되묻는다.

산업재해 보상 제도, 입증 책임 전환이 열쇠

그런데 이 노무사는 삼성과 5년간 벌인 싸움은 결국 산업재해 보상 제도(산업재해 보상 보험 제도)를 둘러싼 보다 중요한 쟁점으로 수렴된다고 한다.

"노동자의 직업병을 입증할 책임이 누구에게 있느냐 하는 거죠."

현행 산재보험법에서 입증 책임은 노동자에게 있다. 다른 재해나 질병도 쉽진 않지만, 특히 암이나 희귀 질환은 업무상 질병으로 인정받기가 하늘의 별 따기다. 이 노무사는 산재 입증 책임을 국가가 지는 것으로 과감하게 전환해야 한다고 말한다. 산재보험이 국가가 운영하는 사회보험인 이상 국가에게 책임이 부여되어야 한다는 이야기다.

"지금은 아픈 노동자 본인이 '내 질병은 업무 때문이다.'라고 입증해야 하고 입증하지 못하면 산재로 인정되지 않아요. 그걸 국가가 '그 질병은 업무와 상관없다.'고 입증하게 하자는 거죠. 입증에 실패하면 산재로 인정해줘야 하고요."

이 노무사는 현재 직업성 암이 전체 암 발생의 5~10퍼센트 정도를 차지할 것으로 추정한다. 2007년에 직업성 암 발생 추정치가 6,500명 정도 되는데, 그해 산재로 인정되어 공식 보고된 것은 일곱 건뿐이다. 즉 0.1퍼센트만이 겨우 직업병으로 판정되었다. 전체 암 환자 중에 9퍼센트를 직업성 암으로 인정한 프랑스나 12.9퍼센트를 인정한 독일에 비하면 낮아도 너무 낮은 수치이다. 왜일까. 이 노무사는 이것이 현행 산재보험법 체계상 직업병 입증 책임을 노동자에게 전가했기 때문이라는 것이다.

현 제도는 업무상 질병으로 인정되기 위해 아래의 세 가지 조건이 충족되었는지 본다.

첫째, 근로자가 유해·위험 물질을 충분히 다루었는가?
둘째, 유해·위험 물질을 다룬 것이 질병을 유발할 수 있는 정도

인가?

셋째, 유해·위험 물질과 질병 사이에 의학적 인과관계가 있는가?

구체적으로 살펴보자. 노동자는 일단 어떤 물질이 위험한 물질인지 알아야 한다. 그리고 자신의 업무 환경에 그 물질이 포함되어 있었는지도 알아내야 한다. 그런데 이 정도로는 부족하다. 그 물질이 다른 질병이 아니라 그가 걸린 질병의 직접적 원인이 된다는 의학적 증명이 필요하고, 그가 맡은 업무가 그 물질에 직접적으로 노출되는 업무인지도 중요하다. 또 노출되었다 해도 질병을 일으킬 정도로 충분하고도 빈번하게 노출되었는지 일일이 따져야 한다.

그러나 전자 산업의 특성 때문에 노동자는 자신이 수행하는 작업에 대해 정확히 이해하지 못한다. 어떤 물질이 사용되는지도 노동자에게 공개되지 않는다. 반도체 산업에는 보통 500~800개의 화학물질이 쓰인다고 하며, 그중에는 인체 위험성이 제대로 밝혀지지 않은 물질도 많다. 그러므로 유해·위험 물질 목록에 포함되어 있지 않은 물질이라고 해서 안전하다고 확신할 수는 없다. '이 작업장에서 목록에 기재된 위험 물질은 발견되지 않았으므로 업무상 질병이 아니다.'라고 말할 수 없다는 이야기다.

게다가 워낙 빠르게 변화하는 산업이라 과거에는 사용했던 물질을 지금은 쓰지 않는 경우도 있다. 암처럼 발병까지 잠복기가 긴 질병은 진단을 받은 후 작업환경을 조사해보려고 해도 이미 당시 환경이 남아있지 않은 경우가 많다. 그런데도 법원은 노동자에게 위 세 가지 조건을 입증하라고 요구하고 있다.

"노동자들한테 물어봐도 그때 내가 이런 냄새가 나는 물질을 사용했다, 그냥 그 약품으로 웨이퍼(반도체 가공에 사용되는 원판)를 세척했다, 식으로만 기억하거든요. 약품 이름도 잘 모르고 설령 이름을 안다 해도 그 속에 무슨 성분이 들어 있는지 모르죠. 눈에 보이지도 않는 기체에 얼마나 노출되었는지 모르는 건 당연하고요."

2007년에 죽은 황유미 씨는 백혈병에 걸린 뒤에도 그것이 직업병일 수 있다는 생각을 하지 못했다. 그저 스트레스 때문인가 보다, 그렇게 생각했다고 한다. 당사자가 그 정도이니 그가 사망한 후 유족들이 직업병 인정을 받아내려면 그야말로 장님 문고리 더듬기다. 현장 역학조사에 유족들이 들어가 봐야 별 소용이 없다. 아니, 당사자라 해도 몇 년이 지난 후에 작업장에 들어가면 이미 자신이 쓰던 장비는 사라진 지 오래다.

2009년 서울 고등법원에서 직업성 암 환자의 산재 인정에 관해 노동자의 입증 책임을 대폭 완화 또는 전환하는 전향적인 판결이 나온 적 있다. 이 노무사는 그 판례의 방향으로 산업재해 보상 제도가 바뀌어야 한다고 말한다.

다소 어렵지만 이 판례는 검토해볼 필요가 있다. 판례는 먼저 세 가지 근거를 든다. 첫째로, 작업 현장에서 발병 원인 물질과 업무상 재해 사이의 인과관계를 따질 때, 그 물질의 성분이나 유해성에 대한 전문적 지식이 없는 일반인들이 인과관계를 완벽하게 입증하는 것은 지극히 어렵다. 둘째로 해당 시기의 과학 기술적 한계로 말미암아 그 물질과 재해 사이의 인과관계를 의학적으로 증명하는 것도 어려울 때가 많다. 셋째로 노동자 개인보다 사업주 및 국가가 기술적으로나 경제적으로 원인 조사가 쉬울 뿐 아니라 사회적 책무 역시 지고 있다. 이로부터 다음의 결론이 나온다.

> 사업주 또는 국가가 발병 원인 물질이 인체에 전혀 무해하다든가, 그 질병이 발병 원인 물질로 인한 것이 아니라 전혀 다른 원인에 의한 것이라는 입증을 하지 아니하는 이상, **그 물질에 발병 원인이 존재하며 그로 인하여 업무상 재해가 발생하였다고 추정하여 인과관계를 인정하는 방향으로 입증 책임을 완화하는 것이** 근로자의 업무상 재해를 신속하고 공정하게 보상함으로써 근로자 보호에 이바지함을 목적으로 하는 산업재해 보상 보험 제도의 취지와 손해로 인한 특수한 위험을 적절하게 분산시켜 공적 부조를 도모하고자 하는 사회보험 제도의 목적 및 사회 형평의 관념에 맞는다고 할 것이다.[2] (강조는 인용자.)

현행 산업재해 보상 제도는 다단계 불승인 위원회

말했듯이 자신이 아픈 이유를 자기 탓으로, 또 운으로 돌리는 노동자가 대다수이다. 황유미 씨를 비롯한 백혈병 환자들도 그랬다. 자신이 직업병에 걸렸다는 생각이 들면 그때부터 산업재해 신청 절차에 들어가는데, 그 과정이 또 다른 가시밭길이다.

우선 근로복지공단에 산업재해 신청을 하게 되는데, 양식이 복잡하고 갖춰야 할 서류도 무척 많다. 업무상 질병이 경우 산업의학 전문의의 소견도 받아야 한다. 노동자들은 스스로 산업재해 신청을 할 수 있다는 사실 자체를 모르는 경우가 많아 사업주에게 부탁해 대행하려 한다. 그러나 삼성처럼 '백혈병은 개인 질병이지 회사와 관계없다.'고 나올 경우 산재 신청 자체부터 가로막힌다. 『먼지 없는 방』에 그려진 것처럼 황유미 씨의 아버지는 회사 관리자에게 산업재해 처리를 해달라고 부탁했다.³ 회사는 산업재해 처리만은 안 된다며 "이 큰 회사와 싸워 이길 수 있습니까?"라고 겁을 줬다.

스스로 산재 신청을 하려 해도, 산재보험 신청서 양식에 사업주 날인란이 있어 사업주를 거치지 않기가 어렵다. 사업주가 날인을 거부할 경우 사업주 날인 누락 사유서를 제출하면 되기는 하는데, 현업에 복귀할 생각이 있는 노동자는 사업주의 눈치를 보게 된다. 이 노무사는 "국가로부터 산재보험 혜택을 받는데 사업주 날인란이 왜 필요한지 도무지 알 수 없다."며 비판한다.

우여곡절 끝에 신청이 접수되면 근로복지공단에서 1차 조사하고, 판정이 어려우면 산업안전보건연구원에 역학조사를 의뢰한다. 그럼 조사관(연구원)들이 불시에 작업 현장에 들어가 "모든 작업을 잠시 중단하시오!"라고 외치면서 철저한 조사를 벌이게 될까?

그렇지 않다. 조사관들은 사업주와 사전에 합의된 날짜와 시간에 들어가 정해진 방법으로만 조사한다. 그동안 사업주는 유해 물질을 포함한 작업 현장을 정리할 시간을 번다. 게다가 이미 바뀐 과거의 작업환경에 대해서는 사업주가 제출한 기록에 의존할 뿐이다. 결정적으로 이 역학조사에 질병 당사자나 유족이 추천한 전문가는 참여할 수 없다. 당사자나 유족은 조사관들이 제대로 조사하는지 형식적으로 하는지, 알 길이 없다. 이 노무사는 "과학의 이름으로 이런 불

공정이 정당화된다."고 지적한다.

또 노동자가 자신이 사용한 물질명이나 구성 성분을 정확히 모르기 때문에 조사관들은 사업주가 제출한 '물질 안전 보건 자료'를 토대로 조사한다. 삼성전자는 이 가운데 상당수 화학물질을 영업 비밀이라는 이유로 성분을 공개하지 않았다. 자료에 있는 화학물질 가운데 조사 대상은 30퍼센트 이하였다. 조사 대상에 포함되지 않은 물질은 안전성이 입증된 걸까? 아니, 위험한지 아닌지 연구 결과 자체가 아직 없는 물질도 많다.

법에 따라 회사는 작업에 쓰는 화학물질의 정보를 노동부에 신고하게 되어 있다. 그런데 노동자가 노동부에 그 자료를 보여 달라고 하면, 노동부는 회사가 '영업상 비밀'로 지정한 물질은 공개하지 않는다. 그 물질이 노동자의 질병과 관련 있을 수 있는데도. 노동부가 기업의 이익을 노동자의 건강권보다 우선시하는 셈이다. 건강을 위협할 수 있는 사안이라면 영업 비밀이라도 정보 공개에 응하는 것이 법적 의무인데도, 노동부가 법 해석을 마음대로 한다.

"2008년 12월에 산업안전보건연구원이 집단 역학조사 발표를 한다고 해서 우리가 갔어요.* 발표를 들으니까 '악성 림프종은 통계적으로 일반인들보다 (반도체 노동자들이) 더 높게 나왔다, 그런데 백혈병은 일반인들과 별 차이가 없다.'는 거예요. 그런데 이게 엄청 오해를 부를 수 있는 말이에요."

• 황유미 씨 등에 대한 개인 역학조사와 별개로, 반도체 산업 노동자가 일반 노동자보다 백혈병 발병률이 높은지 집단 역학조사가 실시된 적 있다.

"통계의 오류란 말씀인가요?"

"건강 노동자 효과 health worker effect 라는 것이 있는데요. 노동자는 대개 일반인 평균보다 더 건강하거든요.* 그러니 백혈병에 걸릴 확률도 일반인 전체를 대상으로 측정할 때보다 노동자들을 대상으로 측정할 때 적게 나오겠죠. 예를 들어 일반인이 걸릴 확률이 1이라면 노동자가 걸릴 확률은 0.5 정도? 그런데 집단 역학조사에서는 일반인이 1이면 노동자가 1.3 정도로 나왔어요. 그런데 조사관들은 이 정도로는 통계적 유의미성이 없다는 거죠. 언론은 통계적으로 유의미하지 않다는 발표를 왜곡 해석해서 '역학조사 결과 삼성반도체와 백혈병 무관'이라고 기사를 내고요. 우리는 건강 노동자 효과를 고려할 때 0.5쯤 나와야 되는 노동자가 1.3이나 나왔으면 이건 업무 환경 때문이라는 거죠."

개인 역학조사 결과도 업무 관련성을 부인하는 쪽으로 나왔다. 백혈병의 발병 인자로 의심되는 물질 중 벤젠이 있는데 작업장에서 벤젠이 검출되지 않았다는 것이다. 그러나 여기서도 조사의 부실함이 드러난다.

한국에서 벤젠의 노출 허용 기준을 제정한 것은 1986년도로, 그 이전에는 보호 기준 자체가 없었다. 또 최초에 벤젠의 공기 중 허용 농도는 10ppm이었으나 2003년에 와서야 1ppm이하로 규제되었다. 즉 2003년 이전까지 10ppm 미만의 벤젠 노출은 전혀 문제되지

---

* 삼성전자는 엄격한 신체검사를 거쳐 노동자를 선발한다. 그리고 생산직 노동자들의 연령은 평균 20~30대이다.

않았고, 당연히 정기적인 측정도 제대로 이뤄지지 않았다. 이 노무사는 황유미 씨 등이 근무했을 당시에는 작업에 사용한 유기용제 속에 벤젠이 들어 있었을 개연성이 충분하다고 말한다. 실제로 백혈병 피해자들은 구형 라인 쪽에서 대부분 나왔다.• 소위 과학적 기준이라는 것도 빈틈은 얼마든지 있다.

근로복지공단에서 산업재해 인정 여부를 최종 판정하는 날, 백혈병 피해자, 유족, 반올림 활동가 들이 모두 공단에 모여 산업재해 인정을 요구했다. 그들이 만난 것은 문을 지키고 있는 경찰의 벽이었다. 백혈병 환자 박지연 씨가 공단 직원에 떠밀려 땅바닥에 쓰러지는 위험한 일도 일어났다. 국가는 그들의 아픔을 차갑게 외면했고, 나중에 삼성은 박지연 씨의 어머니에게 모든 치료비를 대겠으니 산업재해 신청을 포기하고 반올림과 관계를 끊으라고 했다. 학교 급식 보조 노동자로 일하는 박 씨의 어머니는 억 단위의 치료비를 감당할 수 없어 망설임 끝에 삼성과 합의를 봤다. 그러나 박 씨는 병이 악화되어 얼마 후 사망했다.

근로복지공단이 산업재해 신청을 승인하지 않으면 노동자는 이의를 제기할 수 있다(심사청구). 심사청구도 승인되지 않으면 이번엔 노동부에 이의를 제기할 수 있다(재심사청구). 그래도 안 되면 법원에 행정소송을 넣을 수 있다. 공단에서 승인이 나지 않을 때 곧바로 행정소송을 할 수도 있다. 이 노무사는 일단 공단에 심사청구를 넣고 바

• 2012년 2월 노동부가 발표한 산업안전보건연구원의 반도체 공장 작업환경 조사 결과, 벤젠을 직접 사용하지 않더라도 화학 공정에서 부산물로 발생할 수 있음이 밝혀졌다.

로 행정소송 준비에 들어갔다. 승인되지 않을 게 뻔했지만 소송 준비의 시간을 벌기 위해서였다. 2010년 1월 11일, 근로복지공단을 상대로 한 삼성 백혈병 집단 행정소송이 시작되었다.

"정부(근로복지공단)를 상대로 산재 승인을 해달라는데, 근로복지공단 보조 참가인으로 삼성이 들어왔어요. 법정에서 공단은 아무 말도 안 해요. 삼성 변호사들이 하지. 대형 로펌 율촌이라고, 얼마나 말을 잘하는지."

"이쪽은 어떤 분들이 함께했나요?"

"우리도 필승이었죠. 저와 김민호 노무사, 산재에 대해서 잘 아는 권동희 노무사가 보조하고, 변호사 세 명 해서 여섯 명이 소송단을

삼성전자 본사 앞. 뒤편으로 삼성 측이 고용한 용역 직원들이 늘어서 있다. ⓒ『노동과 세계』

꾸렸죠. 첨에 권두섭 변호사에게 책임져달라고 했더니 대신 박상훈 변호사를 소개해주셨어요."

박상훈 변호사는 1부 2장에 소개한 예스코 사건에서 권두섭 변호사와 함께 변호인단을 꾸린 적 있었다. 예스코 사건 이후에 박 변호사는 '언제든 자신이 할 일이 있으면 돕겠다.'고 했다. 권 변호사는 부장판사 출신인 박 변호사가 법정에서 변론을 잘 이끌어가리라 기대했지만, 그래도 상대가 삼성이기에 조심스럽게 메일을 보냈다. 흔쾌히 같이 하겠다는 답변이 왔다. 오히려 이런 일에 불러줘서 고맙다는 말과 함께.

"권 변호사 소개로 박상훈 변호사를 찾아갔더니 사무실도 크고 고급스럽고 우리랑 고객부터 달라요. 이 분이 기꺼이 무료로 변론하겠다고 하셨고, 또 이 사건이 의학적 인과관계가 중요하기 때문에 산업의학 전문의 출신 박영만 변호사도 참여했고, 민주노총 법률원에서 박숙란 변호사 들어오시고. 2주에 한 번씩 모여 세미나 하면서 6개월을 준비해서 소장을 접수했죠."

변호인단은 현행 산업재해 보상 제도가 노동자에게 불리하다는 점을 감안하고 반도체 산업의 어렵고 복잡한 공정을 철저히 파고들어갔다. 1년 5개월의 재판 끝에 1심 판결이 나왔다. 부분 승소였다.

비록 사망한 황유미에게 발병한 **급성 백혈병의 발병 경로가 의학적으로 명**

백히 밝혀지지 않았다고 하더라도, 황유미가 근무하는 동안 각종 유해 화학 물질에 지속적으로 노출되어 발병하였거나 적어도 그 발병이 촉진되었다고 추단할 수 있으므로, **황유미의 백혈병과 그 업무와의 사이에 상당한 인과관계가 있다고 볼 수 있다.**[4] (강조는 인용자.)

법원은 모두 다섯 명의 백혈병 피해자 중 두 명에 대해서만 산업재해를 인정했다. 나머지 세 명에 대해서는 불승인 판정이 타당하다고 근로복지공단의 손을 들어줬다. 반올림 측 소송단은 이에 항소했는데 근로복지공단도 항소했다. 두 명에 대한 산업재해 인정을 못 받아들이겠다는 것이다. 이종란 노무사는 말했다.

"최초 산재 신청부터 피해자들이 3년, 4년이나 걸려 여기까지 왔는데 정부가 여기 대고 항소를 하는 게 말이 되냐, 이건 정말 도덕적 문제 아니냐, 그렇게 항의하고 농성하고 했는데……. 결국 항소를 하더라고요."

이 노무사는 이런 과정이 산업재해 보상 제도의 목적을 무력하게 만든다고 한다. 원래 산업재해 보상 제도란 불의의 재해를 입은 노동자가 빨리 치료를 받고 현장에 복귀할 수 있도록 도우려는 제도이다. 산재보험법 1조는 신속한 보상의 원칙을 명시하고 있다.• 그런

• **산업재해보상보험법 제1조 목적** "근로자의 업무상 재해를 신속하고 공정하게 보상하며 (……) 재해 예방과 근로자의 복지 증진을 위한 사업을 시행하여 근로자 보호에 이바지하는 것을 목적으로 한다."

데 근로복지공단이 우물쭈물 대다가 산업안전보건연구원에 역학조사를 맡기고, 그 조사 결과가 나오면 공단은 판정을 내리기 위해 또 질병 판정 위원회를 연다. 이러는 동안 시간은 흐르고 노동자와 그 가족은 치료비에 허덕인다. 그러나 질병 판정 위원회는 '명백한 인과관계'가 없다며 걸핏하면 불승인 판정을 내린다. 그럼 노동자가 공단에 이의를 제기하고, 다음에는 노동부에 재심사를 신청하고, 소송에 들어가서 대법원까지 간다. 어마어마한 시간과 돈이 든다. 이 노무사가 '다단계 불승인 위원회'라고 부르는 구조다. 노동자를 위해 존재하는 산업재해 보상 제도가 노동자를 지쳐 나가떨어지게 만든다.

노동3권 없으면 노동자 건강권도 없다

반도체에 대해 일반인이 아는 것은 극히 적다. 전자 제품에 필수품이라는 것, 최첨단 기술의 산물이라는 것, 삼성이 그 분야의 세계 최고로 인정받고 있다는 것 정도다. 그러나 삼성이 반도체 공정에 숨은 위험성에 대해서는 노동자들에게 알려주지 않았음이 최근에 와서야 조금씩 밝혀졌다.

2005년에 뇌종양 수술을 받고 재활 치료 중인 한혜경 씨를 만났다. 그녀는 수술 후유증으로 시각 장애, 언어 장애, 보행 장애를 겪고 있다. 어머니 김시녀 씨가 거의 24시간 그녀를 돌본다.

한혜경 씨는 상고 졸업반이던 열아홉 살에 삼성전자에 입사했다. 어머니는 동생 공부시키겠다고 돈 벌러 떠나는 딸을 보면서 마음이 아팠지만, 친구들이 "네 딸은 삼성에 다 가고 참 좋겠다, 노조가 괜히 없겠냐 회사가 좋으니까 노조가 없지."란 말을 할 때마다 어깨가 으쓱했다. 한혜경 씨는 입사 후 LCD 부서로 발령이 났다. 그때가 1995년이었는데 입사 1년도 안 되어 생리 불순이 왔지만 그러려니 했다. LCD 부서에 일하니까 전자파 때문이라고도 생각했다. 건강이 계속 안 좋아지자 6년 후인 2001년에 퇴사했다.

일을 그만두니까 몸이 좀 나아지나 했더니 그 뒤로 감기를 달고 살았고 운동신경도 저하되었다. 아무래도 이상하다고 여긴 어머니가 딸을 데리고 병원에 갔다. 의사가 소뇌에서 종양을 발견했고, "못해도 7~8년은 되었다."며 "엄마가 돼 가지고 애가 이렇게 되도록 모를 수가 있냐."고 했다. 수술해도 식물인간이 될 확률이 80퍼센트가 넘는다고 했다. 다행히 수술은 성공했고 식물인간이 되지는 않았지만 후유 장애가 왔다. 김시녀 씨는 "조금만 빨리 발견했어도 후유증이 지금처럼 심하지는 않았을 텐데……."라고 안타까워한다.

한혜경 씨는 솔더크림• 작업을 했다. 솔더크림을 바른 후 고온으로 크림을 녹이고 다시 굳히는 작업이었다. 솔더크림에는 납과 주석, 플럭스 등이 들어가고 세척 과정에 이소프로필알콜이나 아세톤 등 유기용제와 화학약품이 사용된다. 고온 처리 시에는 흄(납 가스)이 발생한다. 납은 발암 가능성이 있는 물질이며 그 외의 물질도 인체 유해성이 보고된 적 있다. 그러나 한혜경 씨는 회사로부터 안전 교육을 받은 적은 없다고 말한다.

• 납땜의 대체용으로 쓰는 작은 납 구슬이 든 크림. 프린트 배선 기판에 발라 굳히면 납땜처럼 전기가 통한다.

"교육을 받긴 했는데 작업 불량 내면 안 된다, 그런 교육만 받았어요. 안전 교육은 따로 받은 거 없죠. 유해 물질이 있어 몸에 나쁘다 이런 거는 전혀 못 들었어요."

한혜경 씨가 느릿느릿 말한 후에 김시녀 씨도 거들었다.
"법정에서 삼성이, 솔더크림 섞는 작업은 다 기계로 한다는 거예요. 얘는 자기가 다 손으로 했다는데. 그리고 자동화가 (되어 있다는 회사 말이) 사실이 아닌 게, 제품을 많이 뺄수록 (회사가) 인센티브를 줬대요. 상품도 주고. 얘도 김치 냉장고도 타 오고 그랬죠. 그래서 애들이 경쟁이 붙어서, 안전장치 꺼놓고 수동으로 일을 하는 거예요. 수량을 많이 빼려고."

물론 솔더크림 작업을 한다고 무조건 뇌종양에 걸리거나 벤젠에 노출되었다고 모두 백혈병에 걸리는 것은 아니다. 그러나 발암물질에 대해서는 역치가 없으며, 질병에 대한 개인적 감수성이 사람마다 다르다는 것은 의학적 상식이다. 그렇다면 어떤 물질과 질병 사이에 의학적으로 명백한 인과관계가 확인되지 않았다 하더라도 사전 예방의 원칙*에 따라 안전성이 검증되기 전까지는 일단 그 물질이 위험하다고 간주해야 한다. 노동자의 건강권과 직결되는 문제이기 때문이다.

* **사전 예방의 원칙**Precautionary Principle 사람이나 환경에 심각한 피해를 줄 가능성이 있다면 인과관계가 확실하지 않더라도 필요한 조처를 취해야 한다는 원칙. 1980년대 말부터 국제적인 원칙으로 자리 잡았다.

그러나 삼성의 반도체 신화에서 이런 안전 원칙은 없었다. 하다못해 노동자들에게 그들이 다루는 물질에 대해 알려줘서 스스로 조심하게 하는 조치도 취하지 않았다. 삼성의 무노조 경영 속에서 이의를 제기하는 사람도 없었다. 김시녀 씨의 친구들은 '회사가 좋으니까 노조도 없는 거다.'라고 말했지만, 진실은 노조가 없어 어떤 문제도 드러나지 못했던 것이다. 노동3권이 없으면 노동자의 건강권도 보호받지 못한다.

더 추악한 것은 일류 기업을 자처하는 삼성이 피해자들을 돈으로 조종하려 한 일이다. 김시녀 씨와 한혜경 씨가 반올림의 도움을 받아 산업재해 신청에 들어가자 삼성에서 전화가 왔다. 10억 원을 줄 테니 신청을 포기하고 합의를 보자고. 반올림과 관계만 끊으면 된다고 했다. 그동안 병원을 전전하느라 지친 엄마는 딸에게 "우리 여기서 합의하자. 너무 힘들다."고 했다. 딸은 죽어도 반올림 배신할 수 없다고 버텼다.

"그런데 삼성에서 또 전화가 와서 10억 원을 주긴 주는데 한꺼번에 못 주고 일부는 일시불로 주고 나머지는 매년 나눠주겠다고 해요. 좀 지나서는 5억 원을 주겠다고 하고. 그렇게 시간을 끌어요. 산재 신청 불승인 나고 행정소송 들어가는데 기한이 있거든요. 그 기한이 지나면 소송을 못 걸어요. 결국 우리가 소송에 들어갔더니 전화가 와서 이제는 합의를 해줄 수 없다는 거예요. 그래서 내가 '너희 합의 하려던 거 아니잖아, 이 기한만 넘기게 하려던 거잖아.' 했더니 노골적으로 맞다는 거예요. 내가 정말 욕이란 욕은 다 했어요."

딸은 아픈 중에도 동료 피해자들을 배신할 수 없다 하고, 엄마는 그 딸을 위해 대기업과 싸우고 있다. 도대체 국가는 무엇을 하는 것일까.

몸이 좋아지면 안마사가 되고 싶다는 한혜경 씨. 그런 딸과 여행을 다니고 싶다는 김시녀 씨. 그들의 작은 희망이 이뤄지려면 산업재해 보상 제도가 바뀌어야 한다. 이종란 노무사가 강조하듯 입증 책임을 노동자가 아닌 국가가 지게 해야 한다. 산업재해 신청 절차도 간소화하고 산업재해 인정 기준도 완화해야 한다.

근로복지공단은 "그렇게 되면 공단이 산재보험 재정을 감당할 수 없다."고 반발한다. 이 노무사는 "그런 주장을 하려면 근로복지공단이 매년 1조가 넘는 흑자를 내는 이유부터 해명하라."고 말한다. 민간 기업처럼 수익성을 목표로 운영하면서 정작 해야 할 일은 왜 하지 않느냐는 비판이다.

"재정 부담이 문제라면 재정 확충 계획을 세워야죠. 노동자의 치료받을 권리를 빼앗을 게 아니라."

최근에 국가인권위원회가 산업재해 보상 제도 개선을 권고했다. 업무상 질병의 입증 책임을 피해자만이 아니라 기업과 공단도 나눠서 증명하게 하자는 권고안이었다. 2012년 11월 14일, 노동부가 입장을 밝혔다. '수용할 수 없다'였다.

김시녀 씨 모녀가 함께 여행을 떠날 수 있는 날은 언제 올까?

2장
청소 미화원은
75만 원만
벌어도 된다고?

홍익대 청소·경비 노동자 집단 해고 사건

지난 19대 국회의원 선거와 18대 대통령 선거에 출마했던 청소 노동자 김순자 씨는, 한 꼬마가 "할머니는 어릴 때 공부 열심히 안 했어요?"라고 물었던 일을 잊을 수 없다고 했다. 청소 노동자에 대한 사회의 일반적인 시각이 꼬마의 입을 통해 드러났던 것이다.

청소, 경비, 식당 보조 일은 대표적인 '저임금 노동'으로 불린다. 사람들은 그 일을 하는 노동자들이 못 배웠고, 나이도 많고, 그저 용돈이나 벌려고 나왔기 때문에 낮은 임금을 받는 것은 당연하다고 생각한다. 실제로 그들의 학력이 낮은지는 차치하더라도, 학력이나 나이가 과연 저임금 노동을 합리화하는 이유가 될 수 있을까?

예를 들어 운동선수와 비교해 보자. 운동선수들은 저마다 벌어들이는 소득이 편차가 크다. 하지만 소득이 높은 운동선수가 꼭 학력

• 2010년 12월 노동조합 결성으로 홍익대가 용역 업체와 계약을 해지하자 노조는 49일의 농성 끝에 이를 철회시켰다. 홍대는 2011년 분회장 및 기타 5명에 대한 2억 8천만 원의 손해배상을 청구했고 1심에서 전액 기각되었다. 홍대 측은 항소한 상태이다.

이 높은 것은 아니다. 운동 실력과 학력은 별 관계가 없기 때문이라고 한다면, 청소를 잘하는 것도 상관없기는 마찬가지다. 그렇다면 청소를 잘하는 노동자에게도 학력과 관계없이 높은 임금을 줘야 하지 않을까? 운동선수가 상대적으로 높은 소득을 올리는 것은 우리에게 즐거움을 주기 때문이라고 한다면, 청소 노동이 우리 생활의 쾌적함에 기여하는 바가 운동 경기보다 못하다고 쉽게 말할 수도 없다. 또 나이의 많고 적음은 청소나 경비 업무를 수행하는 데 별 영향을 미치지 않는다. 학력이나 나이는 낮은 임금, 부당한 대우와는 어떤 정당한 관계도 없다는 것이다. 그렇다면 저임금 노동은 왜 발생하고, 합리화되고, 고착화되는 것일까?

홍익대 청소·경비 노동자, 학교를 점거하다

2011년 1월 3일, 홍익대 청소·경비 노동자 150여 명은 흥분한 가슴을 억누르면서 총장실로 올라갔다. 새해 근무를 위해 출근한 이들 전원에게 해고라는 날벼락 같은 소식이 전해졌던 것이다.

이들이 속한 용역 회사와 학교 사이의 계약이 끝났다는 것이 이유였지만, 노동자들은 그것은 명목상의 이유일 뿐이고 사실은 자신들이 한 달 전에 노동조합을 결성했기 때문이라고 확신했다. 그동안 용역 회사와 학교 사이에 마찰이 있던 적도 없었고, 설령 용역 회사가 교체된다 해도 고용은 관행적으로 유지되어 왔다. 노동자들은 짧으면 수년에서 길면 십수 년 동안 별 문제없이 같은 일을 해왔던 것이다. 자신들을 갑자기 거리로 내몰 다른 이유가 있다고는 생각할 수 없었다.

노동자들은 총장과의 대화를 요구했다. 그러나 총장실에서 버티던 총장은 건강이 안 좋다며 살짝 빠져나갔다. 노동자들은 '이대로 돌아갈 수 없다.'는 분위기였고, 대학 본부 1층 사무처를 점거하고 농성을 시작했다. 한기가 스멀스멀 올라오는 찬 바닥에서 판지를 깔고 그 위에서 밥을 짓고 잠을 잤다. 새해 벽두에 명문 사립대학에서 일어난 이 사건은 금세 언론의 관심을 끌었다.

'월급 75만 원, 하루 밥값 3백 원.'

홍익대 청소 노동자들의 노동조건이 언론에 실리자 농성에 대한 관심도 폭발했다. '명문 사립대학이라는 홍익대가 그동안 50~60대 어르신들을 저임금으로 부려먹었고, 급기야 엄동설한에 길거리로 내쫓았다.'는 이야기는 분노를 일으켰다. 학생, 활동가, 일반 시민, 영화배우 김여진 씨도 농성장을 찾았다. 시간이 지날수록 농성을 지지하는 여론은 높아져갔다. 결국 홍익대는 농성 49일 만에 '암묵적으로' 노동자들의 복직에 동의했다. 청소·경비 노동자들은 새 용역업체 소속으로 일터에 다시 돌아왔다.

하지만 홍익대는 호락호락 끝낼 수는 없다는 듯 노동조합에 2억 8천여만 원의 손해배상을 청구했다. 노조의 점거 농성으로 명예훼손을 당했다는 것이 주 내용이었다. 민변 노동위원회 소속 변호사들이 법률 지원단을 꾸려 노조를 도왔다. 주심 변호사는 민주노총 공공운수노조 법률원 우지연 변호사로, 그는 법률원 입사 직후인 2009년 철도노조 파업 사건을 맡아 활약한 적이 있었다.

서울 대림동 공공운수노조 법률원에서 우 변호사를 만났다. 그때 그녀는 결혼을 두 달 앞둔 예비 신부였다.

"하루 밥값 3백 원이라는 얘기가 사실인가요?"
"홍대가 명예훼손으로 그 점을 지적했어요. 사실이 아니라고."
"그럼……?"
"사실은 0원이거든요."

우 변호사에 따르면, 용역 회사가 농성 얼마 전부터 노동자들에게 "쌀값에라도 보태라."며 월 9천 원을 지급하기 시작했다. 산업재해 보험금 요율 변동으로 회사의 부담금이 내려가서 생긴 돈이었다. 그 돈을 회사 소속 관리자가 선심이라도 쓰듯 지급했고 노동자들은 이를 밥값으로 이해했던 것이다. 그리고 이 사실을 취재한 언론이 '식대 한 달 9천 원(하루 3백 원)'으로 보도했다.

그러므로 홍익대가 노동자들에게 밥값을 하루 3백 원씩 지급하지 않은 것은 사실이다. 홍익대는 교직원들에게는 지급하는 식대를 용역 회사 소속 직원들에게는 한 푼도 지급하지 않았다. 우 변호사는 식대 3백 원이라는 표현이 과연 홍익대의 사회적 명예를 더 떨어뜨렸냐고 꼬집는다.

저임금 노동을 강요하는 사회 구조

우 변호사는 홍익대 청소·경비 노동자들의 투쟁에는 저임금 노동에 관한 사회적 문제들이 집약되어 있다고 설명했다. 우선 이들 노동에 대한 사회적 편견부터 문제다.

"청소·경비 노동자들의 노동이 사회적으로 제대로 평가되고 있지 못해요. 남들이 기피하는 업무라면 오히려 더 많은 수입을 보장하는 게 맞지 않을까요? 그런데 이들의 노동은 전통적으로 저학력 노동, 고령 노동으로 여겨지고 노동의 사회적 의미가 제대로 조명받지 못했어요. 시간 남으니까 용돈이나 벌려고 하는 일이다, 천한 노동이다, 이런 선입견이 있죠."

사실 홍익대 청소·경비 노동자들의 이력은 무척 다양하다. 초등학교만 나온 사람도 있지만 패션 디자이너 출신도 있고 미국 유학파도 있다.[1] 부업으로 아이들을 가르쳐서 청소 일보다 돈을 더 번다는 사람도 있었다. 청소·경비 노동자는 못 배운 사람들이라는 선입견이 그들의 저임금을 정당화하고 있는 것이다.

우 변호사는 지성의 전당이라는 대학 그리고 공공 기관이 이러한 선입견을 교정하기는커녕 여기에 편승한다고 비판한다. 청소·경비 노동자들은 다른 비정규직보다도 더 짧은 1년 단위로 근로계약이 이뤄지고, 대부분 제대로 된 휴게실이나 식대 지원도 받지 못한다. 원청 회사가 학교나 공공 기관이라고 해서 이런 사정은 나아지지 않는다. 김순자 씨는 전국의 청소 노동자들을 만난 다음 자신이 목격한 그들의 처지를 이렇게 설명했다. "청소 노동자를 찾으려면 지하로만 가면 됩니다. 하나같이 퀴퀴한 지하에 좁은 휴게실에서 밥을 먹고 있습니다."[2] 여기에 간접고용·중간착취의 문제까지 겹쳐 가장 열악한 불안정 노동 지대가 만들어진다.

"또 경쟁입찰의 문제도 있어요. '국가를 당사자로 하는 계약에 관한 법률'에 따라 공공 기관이나 대학이 용역 회사와 계약할 때 최저 입찰가를 써낸 업체를 선택하게 되어 있어요. 그러니 용역 회사는 적정 수준보다도 낮은 단가로 입찰할 수밖에 없고, 노동자들의 임금은 더 떨어지게 되는 거죠."

2007년 국가인권위원회는 공공 기관에서 청소·경비 용역을 계약할 때 노동자들의 근로조건을 고려해 입찰가의 하한선을 정하라고 권고하기도 했다. 홍익대는 공공 기관은 아니지만 일반 기업과는 달리 사립학교법에 의해 보호받는 사회적 기관인데 그럼에도 불구하고 최저 수준의 입찰을 선호한다. '널리 인간을 이롭게 한다.'는 홍익 이념은 겉에 써 붙인 구호이고 속마음은 그저 '비용 절감'일 뿐인가. 공공 기관과 학교마저 이렇다면 노동 기본권의 기준선은 더욱 추락할 수밖에 없다.

또 하나 우 변호사가 지적하는 문제는 최저임금*이 지나치게 낮다는 것이다. 낮은 최저임금은 노동자들의 기본 생활을 보장하지 못할 뿐더러 최저임금 선에 걸쳐 있는 노동의 가치를 사회적으로 천시하게 만든다.

최저임금은 고용노동부 산하 최저임금 위원회에서 매년 6월에 결

• **최저임금법 제1조 목적** "근로자 임금의 최저 수준을 보장하여 근로자의 생활 안정과 노동력의 질적 향상을 꾀함으로써 국민경제의 건전한 발전에 이바지하는 것을 목적으로 한다."

정한다. 위원회는 근로자 위원, 사용자 위원, 공익 위원으로 구성되는데 공익 위원도 주로 보수적인 성향이어서 2 대 1의 구도가 된다. 그래서 매년 10~20원을 놓고 피 말리는 신경전이 벌어진다. 2013년의 최저임금은 시간당 4,860원으로 전년도보다 260원 올랐지만, 주 40시간 노동을 기준으로 할 때 한 달에 약 101만 원에 불과하다. 4인 가족 월 최저생계비가 약 154만원이라는 것을 고려하면 턱없이 부족한 것이다.

OECD 국가들과 비교해 봐도 한국의 최저임금은 매우 낮다.[3] 2008년 OECD 최저임금 평균이 시간당 6.44달러였다. 그러나 한국의 최저임금은 시간당 3.12달러로 20개국 중 15위에 머물렀다. 한국 아래로는 터키나 멕시코, 헝가리 정도가 있을 뿐이다. 그런데 이들 나라들이 전체 평균을 많이 주저앉히기 때문이지, 상위권 국가들의 최저임금은 평균을 크게 상회한다. 룩셈부르크는 12.5달러, 프랑스는 11.9달러, 영국은 9.4달러를 지급한다. 또한 임금 불평등 정도를 측정하기 위해 임금 하위 10퍼센트 대비 상위 10퍼센트의 비율을 계산해보면, 한국은 그 비율이 약 5배(4.78배)로 OECD 국가 가운데 세 번째로 높다.

"사용자 측에선 한국의 최저임금이 선진국에 비해 낮지 않다고 해요. 노동자 평균임금 대비 최저임금을 계산해보면 한국이나 영국, 네덜란드가 비슷하다는 거죠."•

• 2008년 기준으로 한국 32%, 영국 38%, 네덜란드 37.6%, 일본 30.4%, 미국 25.4%이다.

"그건 또 왜 그런가요?"

"여기엔 맹점이 있어요. 사용자 측에서는 시간외수당이나 주 5일 근무에 따른 주휴수당이 지급된다는 전제하에 월 급여를 기준으로 최저임금을 계산해요. 하지만 그건 청소 노동자들의 현실과 맞지 않아요. 최저임금 수준의 노동자들은 대부분 노조가 없는 비정규직들이라서 시간외수당이나 유급 휴일을 챙기기도 힘들고 회사에 요구하는 것도 거의 불가능하거든요."

거기에 법정 최저임금조차 받지 못하는 노동자가 전체 노동자의 10퍼센트를 넘는다는 것도 놀라운 사실이다.• 최저임금에 미달하는 노동자들은 학력으로 고졸 이하가 많고, 직군으로는 비정규직이 압도적이다. 연령으로는 50대 이상이, 성별로는 기혼 여성이 대부분이다. 직종으로는 단순 노무직, 서비스직, 판매직의 세 업종 종사자가 80퍼센트에 가깝다. 저학력, 기혼 여성, 비정규직, 청소 노동자라면? 사각지대 중에서도 사각지대다.

이쯤 되면 국가의 책임 방기를 꾸짖지 않을 수 없다. 국민소득 3만 달러 시대가 코앞이라는데, 노동자 열 명 중 한 명이 하루 10시간을 일하고 80만 원이 채 안 되는 월급을 받는다. 홍익대 노동자들은 이런 현실을 유지해온 낡은 편견, 사회 구조, 국가의 무책임과도 싸웠던 것이다.

• 2010년 기준으로 법정 최저임금에 미달되는 노동자는 11.5%, 195만 명이다. 통계적으로 고졸 이하가 76.6%, 직군으로는 비정규직이 94.8%, 연령으로는 55세 이상이 57.1%, 성별로는 기혼 여성이 49.5%(기혼 남성은 24.6%), 직종으로는 단순 노무직, 서비스직, 판매직에 종사하는 사람들이 78.1%를 차지한다.

2억 8천만 원 손배 청구를 기각시키다

"재판은 어떻게 진행되었나요?"
"형사적으로는 업무방해죄와 주거침입죄에서 유죄가 나왔어요. 벌금 물었죠. 만약 노동자들이 홍익대에 직접고용 된 상태였다면, 파업권이 있으니까 점거를 했다 해도 면책이 될 수 있어요. 하지만 홍익대의 사용자성이 인정되지 않으니까, 사업장을 점거한 게 아니라 남의 건물을 점거한 것이 되죠. 이러면 지금의 법리상으로는 유죄를 피하기 힘들어요."

노동자들이 그토록 오래 일했어도 홍익대는 그들을 자신의 직원으로 보기 싫었던 것 같다.

"민사에서는 홍익대가 손해배상을 2억 8천만 원이나 청구했죠?"
"본때를 보여주고 싶었던 모양이에요. 불법 점거로 인한 전기와 수도 사용료, 대체 인력을 투입하느라 든 비용이 약 1억 8천만 원이고, 노조의 명예훼손으로 입은 손해가 최소 1억 원이라는 거죠."

1억 8천만 원의 손해에는 대체 인력 투입 비용이 대부분을 차지한다. 만약 노동자들이 정상적으로 근무했을 때 지급하는 비용이 A라고 하자. 그 대신 임시직 청소원과 경비원을 투입하고, 점거 기간 동안 학교 시설물을 보호하기 위해 교직원들이 특별 근무를 한 데 든 비용은 B이다. 홍익대의 계산은 B에서 A를 뺀 차액이 1억 8천만 원이라는 것이다. 그리고 명예훼손은 다음과 같다. 앞서 얘기했듯이 '하루 식대 3백 원'이 허위 사실이라는 것, 홍익대가 사용자가 아닌데도 왜 '집단 해고'라고 비난하느냐는 것, 법률에 따라 적법하게 도급계약*을 맺었으므로 저임금이라고 평가해서는 안 된다는 것 등이다. 허나 우 변호사는 잘라 말한다.

"전형적인 사실 왜곡이에요. 노조를 만드니까 홍대가 용역 업체와의 계약을 해지했고 그래서 농성이 시작된 거잖아요. 노동자들이 먼저 파업한 것이 아니에요. 평소처럼 일하러 출근했더니 학교에서 출입문 비밀번호를 싹 바꿔버려 못 들어오게 했거든요."

이에 대해 홍익대는 용역 계약 만료에 따른 정상적인 계약 해지라고 주장했다. 한번 살펴보자. 용역 회사는 2009년 1월 1일자로 홍익대와 도급계약을 체결했고 이 계약은 2010년 12월 31일까지로 되어 있었다. 용역 회사는 당시까지 여러 차례 홍익대와 계약을 갱신해왔고 이번 계약 기간 동안에도 특별한 문제를 일으키지 않았다. 그리고 계약서에 따르면 홍익대는 계약을 해지할 때 최소한 한 달 전에 업체에 통보를 해야 했다. 그러나 그런 통보도 없었다.(즉 학교는 노조 설립 사실을 알기 전까지는 용역 회사를 바꿀 이유가 없었던 것이다.)

• **도급계약** 당사자 가운데 한쪽이 어떤 일을 완성할 것을 약속하고, 상대편이 그 일의 결과에 대하여 보수를 지급할 것을 약속함으로써 성립하는 계약. 내포적으로 민음을 갖는 일을 두 수 있다. 건설 업체는 스스로 인력과 자재를 조달하여 건물을 완성한 다음, 건물을 이전해주고 도급료를 받는다.

그런데 2010년 12월 2일에 노동자들이 노동조합을 설립하자, 설립 다음 날인 12월 3일 홍익대는 용역 회사에 12월 31일자로 계약을 해지하겠다고 통보했다. 이는 곧 노동자들의 근로계약 해지를 의미했다. 왜냐하면 노동자들이 용역 회사에 입사할 때 작성한 근로계약서에는 원청 회사인 홍익대가 회사와 용역 계약을 해지하면 자신들의 근로계약도 자동적으로 해지되는 것으로 되어 있었기 때문이다.

"홍대도 노조 때문이었다는 걸 부정하지는 못해요. 소송에서 홍대 측이, 노동자들이 무리한 요구를 해서 우리도 계약 해지를 할 수밖에 없었다고 말했어요. 그 무리한 요구라는 게 민주노총의 최저임금 요구안으로 임금을 인상하자는 것이었거든요."

홍익대는 노동조합이 임금을 70퍼센트나 인상하자고 요구했다며 언론에 선전했다. 노조가 요구한 것은 2011년 민주노총의 최저임금 요구안이었다. 이 안을 적용하면 기본급 75만 원이 108만 원으로 인상된다. 재단 적립금 순위가 사립대학 1, 2위를 다투는 홍익대에서 청소 노동자에게 월 108만 원을 기본급으로 지급하라는 요구가 큰 무리였던 것일까.

우 변호사는 대체 인력 투입 비용을 노동조합에 요구하는 것 자체가 모순이라고 말한다. 학교 자신이 사용자가 아니라면, 즉 점거 농성한 노동자와 홍익대가 서로 남남이라면, 노동자들이 일하지 않았다고 해서 홍익대가 손해를 주장할 근거가 없다는 말이다. 대개 대체 인력 투입 비용은 직접고용 관계가 있는 사업주가 노동조합의 파업을 불법이라고 비난하면서 청구하곤 한다. 직접고용 관계를 부정하는 홍익대의 논리는 자가당착인 셈이다.

용역 회사와 노동자들 사이의 근로계약서에는 근무 장소로 '홍익대학교'를 명시하고 있었다. 회사의 필요에 의해 바뀔 수 있다고 단서를 달았지만 홍익대 외의 다른 곳에서 근무가 이뤄진 적은 한 번도 없었다. 이는 용역 회사가 형식적으로 고용주이긴 하지만 실제로는 홍익대와 노동자 사이의 중간 관리자에 불과하다는 점을 시사한다. 우 변호사는 증거자료로 '건물 내·외 관리일지'를 보여주었다. 교직원인 관리장이 노동자들에게 직접 지시를 내리고, 본래 업무와 무관한 학교의 입시 준비에 동원하기도 했다. 노동자의 사용, 지휘, 감독이 모두 학교에 의해 이뤄졌음을 보여준다. 이런데도 자신은 사용자가 아니라는 홍익대의 주장이 정당한 걸까.

하지만 우 변호사는 재판에서 원청의 사용자성을 입증하여 홍익대가 부당노동행위를 저질렀다고 강하게 밀고 나가기는 어려웠다고 한다. 만일 이쪽에서 "부당 해고로 임금을 받지 못했으니까 홍익대 측에서 밀린 임금까지 지급하라."고 반소*를 제기했다가 입증 부족으로 패소하기라도 하면 유사한 상황에 처해 있는 다른 사업장까지 타격이 갈 수도 있었다. 아쉽지만 손해배상 청구를 기각시키는 데만 집중하기로 했다.

"대체 인력 투입 비용, 이게 쟁점이었죠. 우리는 일단 홍익대 측이

• 반소反訴 원고가 제기한 소송을 방어 또는 반박하면서 피고가 제기하는 소송.

원인 제공을 하지 않았느냐고 반박했어요. 대체 인력 투입은 용역 회사와 계약을 해지하지 않았다면 일어나지 않았을 일이고, 그 비용은 노동자들이 잘리지 않고 정상 근무 했다면 어차피 지급했어야 하는 것이었고요. 노동자들이 주장하는 것처럼 '일을 하고 싶다는데 못 하게 하고 대체 인력을 투입하더니 이제 와서 대체 인력 비용까지 물어내라고 한다.'는 거죠."

"홍익대 쪽에선 뭐라고 하던가요?"

"점거 때문에 수많은 교직원들이 비상근무를 했다고 했어요. 그래서 증거를 요청하니까, 변론 종결일에 어디서 증거를 만들어왔어요. 부랴부랴 누가 몇 시부터 몇 시까지 일했다는 자료를 만들어 가져왔는데, 우리가 '이런 게 어디 있느냐, 증거 능력을 인정할 수 없다.'고 반박했어요. 일단 증거로 채택되긴 했지만 나중에 가서 결국 배척되었죠."

우 변호사는 해당 시기에 이미 교직원 비상근무가 시행되고 있었다고 한다. 비상근무는 청소·경비 업무의 공백 때문에 발생하기도 했지만, 입학 전형의 하나인 미술 실기 고사 준비나 졸업 및 입학 행사 준비 등 학교 자체 일정 때문에 발생한 것도 있었다. 그런데 홍익대는 행사 준비에 투입된 직원들의 점심값 등 농성과 아무 상관이 없는 비용까지 노동조합에 청구했다. 심지어 홍익대는 교직원들의 술값까지 청구했다가 언론에 보도되어 물의를 빚자 이를 제외하는 해프닝을 벌이기도 했다.

[기사] 술값 손해배상으로 청구한 홍익대 재단

참이슬 후레쉬 360ml 5병 5500원, 맥스 1.6L 피쳐 5400원, 떡볶이 2500원, 부산오뎅 2000원, 찹쌀순대 2500원, 김치 김밥 5줄 1만2500원……. MT(모꼬지)를 떠나는 대학생들이 장을 본 목록이 아니다. 홍익대가 올해 초 집단 해고에 반발해 농성을 벌인 청소 노동자 등에게 청구한 손해배상 청구 소장에 첨부된 영수증 목록 가운데 일부이다. (……) 농성으로 비상근무에 들어간 교직원들이 식당·편의점·빵집 등에서 지출했다며 첨부한 뼈다귀해장국·김밥·백반정식·커피믹스·종이컵·초코파이·과일·오렌지주스 등의 지출 내역까지, 두께 7cm 정도의 두꺼운 영수증 복사본 뭉치가 소장 뒤에 달렸다. '교직원 비상근무에 따른 경비 내역'에는 참이슬 후레쉬 5병과 맥스 피쳐 한 병을 편의점에서 지출한 영수증도 첨부돼 있었다. 교직원들의 술값까지 청소 노동자들에게 청구한 것이다.[4]

민사상으로 보면, 시설물을 점거했더라도 그 시설의 업무가 중단되지 않았다면 손해배상은 그 기간 동안 시설을 사용한 데 따른 사용료, 즉 월세·전기료·수도료 등을 넘을 수 없다. 홍익대는 손해를 부풀리려고 무리한 논리를 끌어오다가 자승자박한 꼴이 됐다. 명예훼손에 대해서도, 홍익대는 언론 보도에 언급된 조합원들의 이야기를 주로 문제 삼았다. 우 변호사는 언론에 정정 보도를 요구할 문제이지 노동자에게 손해배상을 청구하는 것은 과도하다고 비판한다.

법인은 홍익대의 손해배상 청구를 모두 기각했다. 시설 사용료 일부라도 내게 될 줄 알았는데 법원은 그마저도 손해를 확정할 근거자료가 없다고 판단했다. 노동자들은 새 업체로 고용이 승계되면서 단체협약도 체결했고, 임금 인상과 휴게 시설 개선 등 성과도 얻었다. 홍익대 투쟁은 좋게 결말이 난 것처럼 보였다.

해결된 것은 너무나 작다

하지만 우 변호사는 눈에 보이는 게 전부는 아니라고 말한다.

"국민들은 홍대 싸움 잘 끝났다 생각하겠지만……. 홍대는 사건을 마무리하는 노사 합의서에도 여전히 이름을 올리지 않았어요. 손배 소송도 계속 되고, 용역 업체 해지는 앞으로도 언제든지 반복될 수 있죠. 어떻게 보면 빙산의 일각만 해결된 셈이에요."

홍익대분회 이숙희 분회장을 만났을 때 노동조합 전과 후로 어떤 점이 달라졌는지 물었다. 그는 무엇보다 관리자의 눈치를 안 보게 된 것이 좋다고 했다. 이 분회장은 청소 노동을 시작한 지 7년차에 노조가 만들어지면서 (본인 말로는) '얼떨결에' 분회장을 맡게 되었다. 1958년생으로 동료들에 비해 젊은 편이지만, 그는 언니들을 다독여가며 49일의 농성을 성공적으로 이끌어갔다.

"백 퍼센트 만족은 아니어도 우리가 요구한 게 많이 이뤄졌죠. 월급도 조금 올랐고 퇴근도 빨리 할 수 있고 소장(용역 회사 소속 관리자) 눈치 안 봐도 되고. 전엔 소장이 왕이었어요. 연세 든 언니들이 엄청

해다가 바친 거야. 점심을 상다리 휘어지도록 해서 대접하고. 따져보면 소장이 뭐 별 힘도 없는데 왜 그렇게 겁을 냈는지 몰라. 지금은 소장이 우리 눈치 보죠. 뭐든지 노동조합하고 의논하고."

저임금 노동자들이 겪는 또 다른 고통이 바로 중간 관리자에 의한 착취이다. 우리 주변의 수많은 청소·경비 노동자들이 노동조합조차 없이 이런 중간착취를 감수하며 살아가고 있을 것이다.
홍익대 투쟁이 어떻게 그처럼 큰 사회적 이슈가 되었을까 하는 질문에 이숙희 분회장은 "나도 잘 모르겠다."며 말을 이었다.

"우리가 가엾어서 그랬을까요? 관리자들 때문에 힘들긴 했어도 우리가 불쌍하다 이런 건 잘 못 느꼈는데, 뉴스에서는 그런 투로 나오더라고요. 물론 우리 중에서도 여기서 번 것만 가지고 사는 사람도 있지만 다 그런 것은 아니거든요. 며느리랑 같이 있기 싫어서 오는 사람도 있어요. 청소하는 사람은 가난하고 핍박받고, 그런 이미지가 있는 것 같아요. 그런데 너무 그렇게만 비추는 것도 문제인 것 같아요. 물론 나도 돈 필요해서 나오지만 안 그런 사람 없잖아요."

이 분회장의 말을 들으면서 나는 청소·경비 노동자 투쟁에 대한 내 시선을 돌아봤다. 언론 보도에 영향을 받아 '불쌍한 할머니 할아버지'라는 동정적인 시선을 보낸 것은 아니었을까. 만약 우리가 그런 시각에만 머무른다면 이들의 요구를 보편적인 노동 기본권의 차원이 아니라, 가난한 집단의 처지를 좀 개선해주자는 차원으로만 생각하게 된다. 그럴 경우 임금이 조금 오르고 복지가 나아지는 물질적 개선에만 관심을 갖게 되고, 저임금 노동을 만들어내는 사회 구조는 놓칠 수 있다. 저임금 노동은 턱없이 낮은 최저임금, 간접고용과 파견 노동 구조, 원청 회사에 의한 노동조합 무력화 같은 일과 떼어놓을 수 없다. 이런 문제들이 먼저 해결되어야 저임금 노동의 문제 역시 해소될 수 있다.

 그것이 우 변호사가 '해결된 것은 빙산의 일각'이라고 말한 의미이다.

3장
누구도 정리해고에 반대할 수 없다

쌍용자동차 정리해고 사건

한편에서는 "해고는 살인이다!"라고 외친다. 다른 한편에서는 "기업이 살아야 근로자도 산다. 정리해고는 불가피하다."라고 말한다. 노동조합의 이기주의로 회사가 어려워졌다는 말, 노동시장이 경직되어 있어 외국인들이 투자를 기피하고 있다는 말이 따라붙는다.

노동자와 사용자가 맺은 근로계약을 사용자 쪽에서 파기하는 것이 해고다. 해고되고 나면 정기적인 수입이 끊기는 것은 물론 회사가 제공했던 사회보험과 각종 복지 혜택도 사라진다. 사회복지망이 턱없이 취약한 한국에서 회사에서 잘리는 것은 우주선과 이어진 생명줄이 끊기는 것이나 다름없다. 더 심각한 문제는 노동자의 인간관계가 파괴되는 것이다. 회사 동료들과 관계가 단절되는 것은 물론, 다니는 회사와 직위로 사람을 평가하기 좋아하는 한국 사회에서 사회

• 2009년 5월 쌍용차 노조는 정리해고에 반대하는 파업을 벌였고 7월 경찰이 대규모 진압 작전이 있었다. 정리해고 소송은 2012년 1월 1심에서 노조 측이 패소했으나 2014년 2월 2심 고등법원에서 승소했다. 회사 측이 대법원에 상고하여 최종 판결을 기다리고 있다.

적 입지도 좁아진다. 해고로 인해 노동자가 겪는 경제적, 사회적 고통이 막대하기 때문에 해고는 경영자에게 말 그대로 '최후의 수단'이어야 한다. 그래서 근로기준법에서도 해고의 요건을 조목조목 제한하고 있다.

하지만 노동 변호사들은 정리해고에 대한 기존의 규제가 점점 통하지 않는다고 비판한다. 법원이 기업으로 하여금 더 쉽게 더 많이 노동자를 해고할 수 있도록 허용하고 있다는 것이다. 2009년 쌍용자동차에서 있었던 대규모 정리해고와 이후 벌어진 사태에서 정리해고의 이런 문제점들이 낱낱이 드러났다.

더구나 법률원 변호사들은 쌍용자동차 정리해고는 원천 무효라고 주장하고 있다. 그들이 법정에서 싸우는 가운데 정리해고 과정에서 회사 측이 저지른 불법행위와 정리해고의 제도적 문제점이 하나씩 밝혀지고 있다. 하지만 결과는 아직 낙관적이지 않다.

쌍용차 노동자들, 공장을 점거하다

새벽 네 시, 쌍용자동차 평택 공장은 칠흑같이 어두웠다. 세 사람이 70미터 높이의 공장 굴뚝에 접근했다. 두 사람이 굴뚝 사다리를 오르는 동안 다른 한 사람은 굴뚝으로 접근하는 문을 용접했다. 밖으로 나갈 통로를 스스로 차단해버린 것이다. 그는 쌍용자동차 비정규직지회 부지회장(현 지회장) 서맹섭 씨였다. 굴뚝 위에서 내려다본 지상은 아찔했다. 그들은 굴뚝 꼭대기에 도르래를 설치하고 줄을 내려 물과 식량을 끌어올렸다. 세 노동자는 관리자들은 물론 동료들의 출입마저 차단하고 86일간 굴뚝 농성을 이어갔다.

2009년 5월 22일 쌍용자동차 노동자들은 '정리해고 분쇄, 구조조정 저지' 파업을 선포했다. 그 몇 달 전인 2009년 1월 9일, 쌍용자동차의 대주주 상하이차는 회사 경영을 포기하고 회생 절차˙ 개시를 신청했다. 4월 8일 회사는 '도산 위기에 처한 회사의 회생을 위해' 2,646명을 구조조정 하겠다고 일방적으로 발표했다.˙ 생산직의 절반을 자른다는 소식을 듣고 노동자들은 공황 상태에 빠졌다. 둘 중 하나는 죽는다. '너냐 아니면 나냐?'

전국금속노동조합(금속노조) 쌍용차지부 조합원들은 정리해고를 제외한 자구책을 찾아보자고 여러 차례 회사에 제안해왔지만 모두 묵살되었다. 5월 8일 회사 측은 최종 정리해고 명단을 노동부에 접수했다. 노동조합은 정리해고를 막기 위해 파업에 들어갔다. 조합원 천여 명이 평택 공장에 집결하여 이른바 옥쇄 파업을 시작했다. 공장을 점거하고 정리해고 철회를 요구한 것이다. 굴뚝 농성은 이 파업의 상징이었다. 파업에는 정규직 노동자와 비정규직 노동자가 함께 참여했고, 굴뚝에 올라간 세 사람 역시 정규직과 비정규직을 대표했다.

굴뚝 위의 생활은 어땠을까. 서맹섭 씨의 말이다.

• **회생 절차** 법정 관리의 다른 이름. 채무로 인해 회생이 어려운 기업에 대해 법원이 지정한 제삼자가 기업 활동 전반을 관리한다. 채무의 일부를 감액하거나 유예해줌으로써 기업이 독자적인 회생을 모색하게 돕는다. 활동은 법원 파산부의 통제를 받게 된다.

• 2,646명은 간체 직원 7,135명의 37%이다. 2,646명 중에는 생산직 노동자가 2,319명인데 이 숫자는 전체 생산직의 49%이다. 그런데 발표 이전부터 비정규직에 대한 구조조정은 이미 진행 중이었고 그 숫자를 포함하면 3천여 명이 해고되었다.

3장 • 누구도 정리해고에 반대할 수 없다 111

"굴뚝 위에 가운데 뚫린 공간 옆으로 폭이 1미터쯤 되는 둘레 공간이 있는데 거기서 버텼죠. 비 오면 비닐 올려서 비를 막았고요. 그런데 비는 별로 안 오고 햇볕만 쨍쨍 내리쬐고……. 보통 빤스만 입고 있었어요. 제일 겁날 때는 먹구름이 올 때. 번개 칠까 봐요. 굴뚝 가운데 피뢰침이 있었어요. 번개 칠 것 같으면 최대한 바깥 시멘트벽에 붙어 있었죠. 바람이 심하게 불 때는 굴뚝이 움직이기도 했어요. 그럴 땐 바이킹 탄 것 같았어요."

공장 안에서는 연일 집회가 이어졌고 가족들과 시민들도 참여했다. 그러나 회사는 교섭에 응하지 않았고 5월 31일에는 직장폐쇄˙를 단행했다. 회사는 공장 밖에서 '산 자'(정리해고 명단에서 빠진 사람들을 부르는 말로, 해고자는 '죽은 자'로 불렸다.)들을 동원해 회사 살리기를 촉구하는 집회를 열었다. 해고된 노동자들이 왜 우리를 쫓아내느냐며 항의하고 있는데, 어제까지 함께 일하던 동료들이 나가라면 순순히 나가지 왜 말썽이냐며 그들을 비난하게 된 것이다. 관리자들은 집회 참석 여부를 확인해가며 노동자들을 압박했다. 이 과정에서 한 비해고 노동자가 스트레스로 사망하기도 했다. 함께 일하던 동료들을 비난하는 집회에 참가해야 하는 괴로움을 이기지 못한 것으로 추정된다.

6월 27일 새벽에는 회사 측이 동원한 구사대˙와 용역 경비들이 쇠

* **직장폐쇄** 노사 간 쟁의가 일어난 경우 사용자 측에서 파업에 참여하지 않은 노동자의 노무를 제공받는 일을 거부하는 것. 현행법에서 사용자의 쟁의 수단으로 인정하고 있으며, 적법하게 임금을 지급하지 않을 수 있다. 단, 사용자 측이 현저히 힘의 균형을 상실하고, 노동조합이 파업, 태업 등의 쟁의행위를 개시한 이후이며, 방어적인 목적으로만 허용된다. 한국에서는 제도가 왜곡되어 파업 참가자의 사업장 출입을 막는 수단으로 이용되고 있다.

파이프 등으로 무장하고 파업 농성장으로 진입했다. 특히 용역 경비들은 쇠 파이프와 소화기를 휘두르며 농성 노동자들에게 무자비한 폭력을 가했다. 얼마 뒤 언론을 통해 알려진 바에 따르면, 회사는 점거 파업이 시작되기 전부터 용역 경비를 고용했고 그 비용만 32억 원에 달했다고 한다. 도산 위기에 처했다고 하면서도 파업 진압 준비는 착실히 진행하고 있었던 것이다. 경찰은 회사 측의 폭력을 수수방관했고 7월이 되자 본격적인 공권력 투입 준비에 들어갔다. 의료인들의 공장 진입은 물론 의약품과 식수 공급마저 차단했고 "전쟁 때도 이러지 않는다."는 시민사회의 비난도 아랑곳하지 않았다.

경찰의 진압 장면. 최루액을 피하려는 노동자들의 모습이 보인다. ⓒ『노동과 세계』

• *주사내* '회사를 구하는 모임'이라는 의미고, 파업 중인 노동조합에 대항해서 회사 측에서 조직한 비조합원 단체이다. 복수 노조가 합법화된 지난 2011년 이전까지는 회사 내 노동조합이 하나밖에 존재할 수 없었다.

7월 20일 경찰은 살수차, 최루액, 헬기를 동원해 군사 작전을 방불케 하는 진압 작전을 펼쳤다. 경찰은 용산참사의 원인 중 하나였던 컨테이너 진압을 또다시 선보였고 그야말로 토끼몰이식 인간 사냥을 벌였다. 노동자들이 고무총에 피부가 찢어지고, 테이저건 Taser Gun이 얼굴에 박히고, 경찰의 집단 구타에 실신하고, 건물 옥상에서 떨어져 척추가 산산조각 나는 등의 일이 속출했다. 이날의 악몽 같은 진압은 쌍용자동차 파업 기록 영상 《당신과 나의 전쟁》에 잘 나와 있다. 단, 쌍용차 노동자들은 이 영상을 두고 "우리가 겪은 일의 10분의 1도 나오지 않았다."고 말한다. (2012년 9월 쌍용자동차 청문회에서 조현오 당시 경기도 경찰청장은 "당시 진압에서 경찰 100여 명이 중경상을 입었지만 노조원은 한 명도 다치지 않았다."고 진술하여 국회의원들과 노동자들의 비난을 받았다.)

서맹섭 씨의 말이다.

"굴뚝 위에서 밑을 보니까 경찰이 굴뚝 주변을 다 포위해버렸어요. 저쪽엔 구사대가 진을 치고. 우리 사람들은 공장 안에 다 갇혀가지고. 처참하더라고요. 다 밀렸어요. 연기도 장난 아니게 올라오고. 헬기로 굴뚝 위에 최루액을 엄청 뿌렸어요. 그걸 다 맞았죠. 씻지도 못하니까 눈이 무지 매웠어요. 난 못 내려가겠다. 여기서 죽든지 살든지 하자."

노동조합은 결국 회사 측의 제안을 대부분 수용한 '8·6 노사 합의서'에 서명했다. 물과 식량, 의약품까지 끊긴 채 부상자만 늘어가는 농성을 더 이상 지속하기 힘들었다. 합의서는 무급 휴직자 1년

후 복귀, 비정규직 노동자 19명에 대한 고용 보장 확약, 조합원들에 대한 각종 소송 취하 등의 내용을 담았다. 합의서와 함께 77일간의 공장 점거가 종료되었다. 하지만 경찰은 파업을 풀고 나오면 최대한 선처하겠다는 약속을 지키지 않았고 조합원들을 대거 연행했다. 그중 96명이 구속되었다. 조사 과정에서도 잠을 안 재우거나 동료를 고발하면 처벌을 감면하겠다고 회유하는 등 강압 수사가 벌어졌다. 강압 수사에 못 견딘 한 조합원이 유서를 남기고 자살을 시도하는 일까지 있었다.

서맹섭 씨도 연행되었으나 장기간 농성으로 건강이 악화되어 병원으로 옮겨졌다. 입원해 있는 동안 경찰이 계속 붙어 감시했다. 다행히 재판에서는 무죄 판결이 났다. 굴뚝은 주거물이 아니기 때문에 주거침입죄에 해당하지 않는다는 것이었다. 그러나 합의서에 약속된 복직은 이뤄지지 않았고 파업이 종료된 후 3년이 넘을 때까지 누구도 공장으로 돌아가지 못했다.•

그동안 휴직, 해고, 희망퇴직 노동자들은 쌍용자동차 출신이라는 딱지 때문에 다른 회사에 취업하는 길조차 막혔다. 생계의 곤란은 가정 파괴로 이어졌다. 그러면서 공장을 나온 노동자들이 한 사람 한 사람씩 자살이나 스트레스, 지병의 악화로 사망하기 시작했다. '사회적 타살'로 불리는 이들의 죽음은 2013년 현재 23명에 이르고 있다.

• "이젠 생인상이 회복되지 않았다."는 말인 민박여단 회사는 2013년 1월 10일, 무급 휴직자 455명의 전원 복직에 합의했다고 발표했다. 1년 후 복직이었던 약속이 3년 반 만에 지켜진 것이다. 그러나 희망퇴직·정리해고 노동자들의 문제는 별다른 진전이 없는 상태이다.

정리해고 제도의 근본적인 문제점

쌍용자동차 노동조합의 변론을 맡은 금속노조 법률원 김태욱 변호사를 찾았다. 김 변호사는 말투가 차분하고 소년 같은 인상을 주는 사람이었다.

그는 쌍용자동차가 정리해고 근거로 제시한 '경영상의 위기'가 회계 조작에 의해 부풀려졌다고 비판한다. 게다가 당시 정리해고는 근로기준법이 규정한 절차와 요건 역시 지키지 않았다. 따라서 김 변호사는 쌍용자동차 정리해고는 원천 무효라고 주장한다.

"사실 정리해고 문제는 정상적인 해결방식이 나오기 어렵습니다."

금속노조 법률원 김태욱 변호사. ⓒ민주노총 법률원

김 변호사는 정리해고 제도에는 근본적인 허점이 있다고 지적한다. 여기서 우리가 먼저 알아두어야 할 것이 있는데, 정리해고가 그렇게 오래된 제도가 아니라는 점이다. 많은 사람들이 "회사를 살리기 위해서는 정리해고를 택할 수밖에 없다."는 경영자들의 논리에 익숙해진 탓에 정리해고 제도가 오래전부터 노사 관계에서 자연스럽게 적용되어온 것으로 생각한다. 하지만 이는 오해이다. IMF 위기 이전까지만 해도 정리해고는 법으로 규정되어 있지 않았다.(다만 판례로 인정되기는 했다.)

IMF 이전에 해고가 아예 없었던 것은 물론 아니다. 그전에도 기업주는 비교적 자유롭게 노동자를 해고할 수 있었다. 노동자가 회사에 손실을 입혔을 때(징계해고) 또는 업무 능력이 현저히 부족할 때(통상해고), 법적으로 해고의 대상이 될 수 있다. 그러나 정리해고는 이런 해고와는 개념이 다르다. 사용자가 경영상의 비용 절감이나 생산성 향상, 이윤 증대를 위해 노동자에게 특별한 문제가 없는데도 인력을 감축하는 것이다. 이는 노동자의 입장에서는 근로계약의 부당한 파기이며 생존권의 위협이다.

1996년 겨울 김영삼 정부가 정리해고를 도입하려 했을 때 민주노총은 전국적 총파업으로 이를 저지했다. 하지만 IMF 위기가 도래한 틈을 타 1998년 초 정리해고는 결국 입법되고 말았다. 당시 정부는 정리해고를 도입하더라도 엄격한 요건을 두어 남용을 막겠다고 했다. 그러나 김태욱 변호사는 말한다.

"정리해고를 통제하기 위해서는 크게 두 가지 방식을 기대할 수 있습니다. 하나는 근로기준법에 적시된 정리해고 요건을 법원이 심사해 부당한 해고를 무효화하는 것이고, 또 하나는 노동조합법에 따라 노조의 쟁의행위를 통해 사용자를 압박하는 것입니다. 그런데 문제는 법이 예정한 두 가지 방식 모두 정리해고에 관해서는 통하지 않는다는 거죠."

먼저 근로기준법을 살펴보자. 근로기준법 제24조는 해고의 요건을 크게 네 가지로 제한한다. 첫째, '긴박한 경영상의 필요'가 있을 때다. 이때 노동자를 해고하지 않을 경우 경영 상태가 심각하게 악화된다는 객관적인 증거가 있어야 한다. 둘째, 해고 회피 노력의 유무다. 사용자는 사전에 해고를 막기 위해 최대한의 노력을 기울여야 하고, 그 모든 노력이 실패로 돌아갈 경우에 한해서 최후의 수단으로 해고가 정당화된다. 셋째, 합리적이고 공정한 기준이 제시되어야 한다. 가령 여성이라든가 미혼이라는 이유로 해고해서는 안 된다. 넷째, 성실한 협의가 전제되어야 한다. 사용자는 노동조합이나 노동자 대표에게 해고 50일 전까지는 해고 계획을 통보하고 해고를 피하기 위해 함께 노력해야 한다.
그런데 이 네 가지 요건의 해석을 법원은 계속 완화하고 있다.

이전에는 해고의 요건을 '기업 경영이 위태로울 정도의 급박한 경영상의 필요성'으로 엄격하게 해석하다가, '도산 회피까지 이르지 않더라도 객관적으로 합리적으로 인정되는' 선으로 완화되었고, 급기야 '생산성 향상·이윤 증대를 위해 사용자가 인원 정리를 유효하게 결정' 하더라도 인정함으로써 사

실상 경영 합리화를 이유로 한 정리해고를 인정하는 쪽으로 대법원 판례가 보수화되고 있는 추세이다.[1]

쉽게 말하면 정리해고 법제화 초기에는 회사가 망하기 직전이라 해고 외에는 다른 방법이 없다고 판단되는 경우에 한해서 정리해고를 인정했다.(물론 현실에서 엄격히 적용된 것은 아니지만, 최소한 법리적으로는 그랬다.) 그러나 시간이 지나면서 경영 상태가 그렇게 위태롭지 않더라도 미래의 경쟁력 향상 차원에서 선제적으로 해고를 할 수 있게 허용하기 시작한 것이다. 김 변호사에 따르면 쌍용자동차 측도 법원의 이런 분위기를 알고 재판 도중 미묘하게 입장을 바꿨다고 한다. 처음에는 경영상의 급박한 필요성 때문에 정리해고가 불가피했다고 주장하다가, 재판이 진행되면서 미래의 경쟁력 향상 차원에서 필요했다고 말을 바꾼 것이다.

그렇다면 정리해고 문제를 노사가 자율적으로 해결할 수는 없을까? 이것이 어렵다. 결정적으로, 정리해고에 반대하는 쟁의행위는 불법으로 규정된다. 노동자가 잘못한 것이 없는데도 하루아침에 해고를 통보하고는, 이에 대해 항의조차 해서는 안 된다는 이야기다. 이웃 일본에서도 정리해고에 반대하는 쟁의행위를 불법으로 규정하지 않는다. 그런데 우리 법원이 내세우는 논리가 놀랍다. 정말 사법부가 한 말이 맞는지 의심이 갈 정도이다.

"소소성이나 입명 능 기업의 경쟁력을 강화하기 위한 경영 추세의 경영상 조치에 대해서는 원칙적으로 노동쟁의의 대상이 될 수 없다고 해석하여 기업의 경쟁력 강화를 촉진시키는 것이 옳다. (……) 이렇게 해석할 경우 그 기업의 **근로자들의 노동3권이 제한되는 것은 사실이나 이는 과도기적 현상이고, 기업이 경쟁력을 회복하고 투자가 일어나면 더 많은 고용이 창출되고 근로자의 지위가 향상될 수 있으므로 거시적으로 보면 이러한 해석이 오히려 전체 근로자들에게 이익이 되고 국가 경제를 발전시키는 길이 된다.**[2] (강조는 인용자.)

기업의 경쟁력 향상이 곧 근로자의 이익이므로 군말 없이 정리해고를 받아들이라는 말 아닌가. 마치 법원이 사회 구성원들의 법익• 보호라는 사법부 본래의 권한을 넘어 경제 주체 사이의 관계를 특정 방향, 예컨대 기업 경쟁력 강화, 자유 시장 질서의 확대로 끌고 가려는 것처럼 보인다. 이것은 법원이 정당의 역할을 하겠다는 것과 다름없다. 한편 대전지법 김동현 판사는 위 대법원 판례의 문제점을 지적하며 다음과 같이 말한다.

근로자들의 노동3권을 제약함으로써 기업의 경쟁력이 회복되고 투자가 살아나면 더 많은 고용이 창출된다는 논리는, 하나의 공리로서 확립된 것이 아니라 오늘날 논란이 많은 경제 이론의 하나일 뿐이고 이에 대한 비판 이론이 점점 더 늘어가고 있는 형편이다. 따라서 이러한 논리는 치밀한 학리적 검증 없이 법 해석자가 인용할 수 있는 법적 논거라고 볼 수 없다.[3]

• **법익** 어떤 법이 보호하려고 하는 이익. 살인을 처벌하는 법이라면 사람의 생명, 절도를 처벌하는 법이라면 재산권을 법익으로 볼 수 있다.

그러나 일부 법관들의 반대에도 불구하고 대다수 법원에서는 정리해고 반대는 쟁의행위의 목적이 될 수 없다고 판결한다. 이처럼 법원이 근로기준법상의 해고 요건을 완화해서 해석하고 노동자들의 쟁의행위를 불법으로 규정하면서, 사용자들은 비용 절감의 방법으로 정리해고를 손쉽게 선택한다. 그러다 보니 대규모 정리해고를 위해 탈법적인 방법까지 동원하고, 노동조합은 합리적으로 문제를 해결할 방법이 없으므로 극단적인 투쟁으로 내몰리며, 공권력과의 충돌 및 지역사회 내 갈등이라는 사회적 비용까지 치르게 된다. 이것이 바로 김 변호사가 "정리해고는 정상적인 해결책이 나오기 어렵다."라고 말한 의미이다.

"사회 한복판에서 몇 달 동안 전쟁이 벌어진 거잖아요. 전쟁의 원인도 불합리했지만, 그 피해의 해결도 노동자가 알아서 하라고 방치했죠. 파업 당시 조합원들이 고뇌가 정말 심했어요. 파업 대오를 이탈하면 선처를 기대할 수 있지 않을까, 노조의 지침을 따를까, 그냥 도망칠까. 연행되면 경찰이 '동료들이 무슨 짓을 했는지 얘기해라, 너는 봐 주겠다.'고 하고……. 저도 그런 장면들을 보면서 인간적으로 힘들었습니다."

김 변호사의 소년 같은 얼굴이 우울해진다.

쌍용차 부실은 회사의 책임이다

77일간의 파업 농성이 끝난 직후 조선일보는 사설에 이렇게 썼다.

> **[사설] 쌍용차 노조 그대로 두고 회사 장래 없어**
> 노사 협상 타결에도 불구하고 쌍용차의 앞날은 여전히 불투명하다. 쌍용차의 회생 가능성을 거론하기에는 이미 시간이 너무 늦었다고 할 수 있다. 노조 **파업으로 인한 직접적인 생산 손실만 해도 자동차 1만 4590대에 금액으로는 3160억 원에 이른다.** 앞으로 공장이 정상 가동되려면 적어도 1주일 이상 걸릴 전망이어서 생산 손실은 더 늘어날 수밖에 없다. (……) 무엇보다 **쌍용차를 이 지경으로 몰아간 노조에 대해 법과 원칙에 따라 철저히 그 책임을 묻는 과정을 거쳐야 한다.** 그렇게 해서 이제까지의 쌍용차와는 전혀 다른 깨끗한 쌍용차로 다시 태어나야만 그나마 실낱같은 희망이라도 기대할 수 있다.[4] (강조는 인용자.)

그러나 '쌍용차를 이 지경으로 몰아간' 것은 노동조합이 아니라 회사였다. 하루아침에 인력의 반을 잘라내겠다는데 어떤 노조가 가만히 있을 수 있을까. 그렇다면 어째서 대규모 정리해고를 단행해야 할 정도로 회사가 어려워졌는지부터 먼저 봐야 한다. 그것은 2004년 쌍용자동차를 인수한 중국 국영기업 상하이차가 핵심 기술만 빼가고 생산성 향상과 관련된 부분에는 단 한 푼도 투자하지 않았기 때문이다. 이 점은 현재 쌍용자동차 측도 인정하고 있는 사실이다.

쌍용자동차는 IMF 이후 경영난을 이기지 못해 법정 관리를 받고 있었다. 하지만 2001년부터 2004년까지 연속 흑자를 내면서 점차 상태가 나아지고 있었다. 상하이차가 쌍용차를 인수하려 할 당시에도 기술 유출이 목적일 거라는 우려가 있었다. 이런 우려를 불식하려는 듯 상하이차는 직원 고용 승계와 함께 1조 2천억 원을 신차 개발과 공장 증설에 투자하겠다고 약속했다. 그러나 상하이차는 약속을 하나도 지키지 않았다.

상하이차는 자기 부담금 1,200억 원을 내고 쌍용차를 인수한 뒤 경영진을 전면 교체하고 핵심 기술을 가져가기 시작했다. 일반적으로 기술 이전은 세계 시장에 판매하여 투자 비용을 회수한 차종에 한정한다. 그러나 상하이차는 시장에 출시된 지 1년밖에 안 되고 기술 개발에만 3천억 원 이상 소요된 차량의 기술을 약 240억 원에 이전받았다. 심지어 시장에 출시되지도 않은 신차(C200)의 원천 기술까지 약 600억 원에 이전받았다. 그러나 신규 투자와 생산 확장에 관한 합의에 대해서는 모르쇠로 딴청만 피웠다.

해를 거듭할수록 쌍용차의 경영 상황은 악화되고 시장 점유율도 떨어져갔다. 완성차 업체는 보통 1~2년마다 새 차종을 개발하는데 쌍용자동차는 신규 투자가 이뤄지지 않으면서 2004년 이후 새로운 차종을 내놓지 못했다. 회사는 점점 부실해졌고 결국 2008년 말 다시 회생 절차 개시를 신청하기에 이른다.

2009년 1월 9일에 회사는 법원에 회생 절차 개시 명령 신청서를 제출했다. 이때 회사는 부실의 이유로 크게 세 가지를 들었다. 첫째, 위기 급등 및 미국발 경제 위기에 따른 판매 급감. 둘째, 환율 급등에 따른 파생상품 거래 손실. 셋째, 연구 개발과 생산 설비 투자 부진에 따른 실적 부진. 그런데 생산 설비 투자 부진을 부실의 이유로 든 것은 회사의 책임을 인정한다는 뜻이었다. 반면 회사는 회생이 가능하다는 근거로는 쌍용자동차 노동자들의 우수성을 들었다.[5]

그러나 쌍용자동차의 최종적인 결정은 그 '우수한 인재'들을 잘라 내는 것이었다.

김태욱 변호사는 "회사도 인정하는 것과 같이 정리해고 원인은 회사에 있고, 회생 가능 근거로 우수한 노동력을 들고 있다. 그러면서 정리해고를 택한다는 게 납득할 수 없다."라고 말한다. 이 시기 노동조합은 구조조정만은 피하기 위해 회사 살리기에 최대한 협력하려 했다. 회사는 자녀 학자금 지원 및 주택 융자금 지원 등의 복지 혜택을 중단하고 야간 근무자에게 제공하던 야참도 중단했다. 하지만 노동조합은 순순히 이를 받아들였다. 이런 노동조합에게 뒤통수치듯 대규모 정리해고 소식이 날아왔다.

불법으로 얼룩진 정리해고 결정 과정

나는 회사가 왜 이렇게 갑자기 정리해고를 밀어붙였는지 궁금했다.

"회생 신청을 하던 때만 해도 대규모 인력 구조조정에 대한 얘기는 없었잖아요. 회사가 오히려 우수한 인력이 있으니까 회생할 수 있다고 얘기했을 정도인데요. 그런데 갑자기 어떻게 2,646명의 인력 감축이 시급하고 불가피하다는 주장이 나온 건가요?"

"그 과정을 정리해보면 이렇습니다."

김 변호사가 애써 간략하게 설명하려 했지만, 적잖이 복잡한 내용인 것은 사실이다. 그래도 한번 짚어보자.

● 2009년 2월 20일, 쌍용자동차 외부 감사인 안진 회계법인이 2008년도 감사 보고서를 제출한다. 이 보고서는 회사의 유형자산 손상차손이 2007년 69억 원에서 2008년 5,177억 원으로 크게 증가했다고 보고한다.

유형자산이란 건물, 기계 장치, 각종 공구와 비품 등을 의미한다. 이 자산을 매각했을 때 얻을 것으로 예상되는 금액(순매각가치 또는 순공정가치) 혹은 이 자산을 사용하여 장래 얻게 될 이익(사용가치) 중에 큰 금액을 택해, 그 금액이 현재 장부에 적힌 금액(장부가액)보다 적다면 그 차액이 유형자산 손상차손이다. 예를 들어보자. 내가 공장 건물을 소유하고 있는데 이 건물의 장부상 금액이 100억 원이다. 건물을 지금 팔면 80억 원을 받는다. 건물을 계속 유지해 사업을 하면 앞으로 70억 원을 벌 예정이다. 이때 100억 원에서 80억 원을 뺀 20억 원이 유형자산 손상차손이다.

그런데 안진 회계법인은 쌍용차의 유형자산 손상차손이 2007년에서 2008년 사이 급증했다고 보고한 것이다. 구체적으로 건물의 손상차손은 2007년 약 23억 원에서 2008년 약 2천억 원으로, 기계 장치는 2007년 약 8억 원에서 2008년 약 1천억 원으로 증가했다. 한마디로 현재 가시고 있는 건물이나 시세 등이 1년 만에 '똥값'으로 추락한 셈이다. 이로써 쌍용차의 부채 비율은 187퍼센트에서 561퍼센트로 세 배 가까이 증가했다. 누가 봐도 부실기업이 된 것이다.

● 2009년 4월 8일, 쌍용자동차 회생 계획 컨설팅 업체인 삼정 KPMG가 '쌍용자동차 경영 정상화 방안 검토 보고서'를 제출한다. 보고서는 회사의 경영 정상화를 위해 총 2,646명의 구조조정이 필요하다고 주장한다.

삼정KPMG의 보고서에서 대규모 정리해고 계획이 처음으로 제시된다. 그런데 이 보고서는 안진 회계법인의 감사 보고서와 재무제표를 자료로 하여 작성되었다. 만약 안진 회계법인의 보고서에 문제가 있다면 삼정KPMG의 보고서 역시 잘못 작성되었다고 할 수 있는 것이다.

● 2009년 5월 6일, 회생법원이 조사위원으로 임명한 삼일 회계법인은 쌍용자동차의 계속 기업 가치(1조 3,276억 원)가 청산 가치(9,386억 원)보다 크다고 1차 조사 보고서를 제출한다. 단 회생 계획을 수행하려면 그 전제로 2,646명 인력 감축과 신규 개발 투자가 필요하다고 주장한다.

쌍용자동차의 회생 신청을 승인할지 말지 판단하는 곳이 회생법원이다. 회생법원은 삼일 회계법인에게 의뢰해 쌍용차가 제출한 회생 계획을 검토하게 했다. 즉 이들이 검토한 것은 안진 회계법인의 감사 보고서에 근거한 삼정KPMG의 정리해고 계획이 충분히 효과적이냐는 점이었다. 회생법원은 정리해고 이외의 다른 자구 계획은 전혀 검토하지 않았다.

안진 회계법인, 삼정KPMG, 삼일 회계법인. 이들 회계 회사와 컨설팅 업체에는 한국의 최고급 인력들이 모여 있다. 그런데 이들이 해고를 피하거나 줄이는 방법에 대해서 잠시라도 고민해보았을지 의문이다. 2,646명(비정규직 포함 3천여 명)은 숫자가 아니라 사람인데도.

● 2009년 6월 2일, 회사는 조합원에게 개별적으로 정리해고를 통보한다.

"지금 삼정KPMG 보고서에 대해 법원에서 다투고 있습니다. 그 보고서로부터 정리해고 계획이 나왔거든요. 그런데 이 보고서가 위법하게 작성되었다는 게 저희의 요지입니다. 우선 이 보고서가 정리해고의 근거로 제시하고 있는 안진 회계법인의 감사 보고서와 재무제표가 잘못 작성된 것이고, 잘못된 자료를 인용한 데다가 법적으로 감정 시가를 반영하도록 되어 있는데 이를 하지 않았다는 거죠."

한마디로 안진 회계법인은 유형자산 손상차손을 과장했다는 이야기다. 김 변호사는 안진 회계법인이 '주식회사의 외부감사에 관한 법률'을 위반했다고 한다. 앞서 유형자산 손상차손의 의미를 살펴보면서 언급했듯이, 유형자산의 순매각가치와 사용가치 중 큰 것을 기준으로 손상차손을 노출해야 한다. 그런데 안진 회계법인은 둘 중 비용이 적게 평가된 사용가치를 기준으로 손상차손을 끌어낸 것이다. 여기서 첫 번째 위법행위가 밝혀진다.

게다가 사용가치의 평가 방식이 심각하게 왜곡되었다. 사용가치는 어떤 유형자산을 계속 사용할 때 예상되는 미래의 이익을 의미한다. 가령 한 공장 건물에서 10년 동안 활발히 상품이 생산될 것으로 예상한다면, 사용가치가 크게 평가될 것이다. 하지만 공장 가동이 곧 중단될 것으로 추정하면 사용가치는 급격히 작아진다. 그런데 안진 회계법인은 쌍용차의 핵심 차종들이 향후 6개월에서 1년 사이 단종될 것으로 추정하고 사용가치를 작게 계산했다. 그러나 실제로 해당 차종들은 2012년까지 계속 생산되었다.

둘째, 삼정KPMG와 쌍용차의 회생 절차 관리인들은 '채무자 회생 및 파산에 관한 법률'을 위반했다. 이 법에 따르면 회생 절차에 들어간 회사의 재산을 평가할 때는 현재 시가를 기준으로 평가해야 한다. 당시 한국감정원이 평가한 감정액은 안진 회계법인이 평가한 것보다 무려 두 배 가까이 컸다. 하지만 삼정KPMG는 한국감정원의 감정 평가는 무시하고 안진 회계법인의 재무제표만을 이용해 경영 정상화(인력 구조조정) 방안을 작성했다. 그리고 회사는 삼정KPMG의 보고서만을 근거로 구조조정안을 법원에 제출했던 것이다.

쌍용차 정리해고는 무효다

변호인단은 이처럼 쌍용자동차 정리해고가 부실하고 조작된 회계에 근거했으므로 원천 무효라고 주장했으나 1심 법원은 이를 받아들이지 않았다. 법원은 쌍용자동차 측의 주장을 대부분 그대로 수용했다. 따라서 정리해고는 "회사의 도산이라는 위기를 피하기 위해 불가피하게 이루어진 경영상의 선택"이라고 결론지었다. 김 변호사는 2심부터 변호인단에 참여했다. 그는 1심 이후 추가로 밝혀진 회사 측의 위법행위가 많다고 말한다.

"우선 손상차손에 대한 안진 회계법인의 재무제표가 적법하지 않다는 점이 드러났고요. 이를 이용한 삼정KPMG의 보고서 역시 마찬가지입니다. 이는 항소심에서 계속 다툴 사안입니다.• 둘째로 회사의 경영이 어려워 회생 절차 개시 사유가 있다고 해도, 그 해결책이 반드시 대규모 인력 구조조정이어야 할 이유는 없습니다. 법 조항에도 정리해고는 모든 해고 회피 노력을 다한 이후의 최후 수단이라고 규정되어 있거든요. 그러나 회사는 애초부터 대규모 정리해고라는 방안만을 고집했을 뿐 노조가 제시하는 다른 자구안은 거들떠보지 않았습니다."

실제로 노조는 회사가 경영 정상화 방안을 발표하기 하루 전인 4월 7일, 노조 차원의 정상화 방안을 제안했다. 첫째, 노조가 비정규직 고용 안정 기금 12억 원을 출연하고, 둘째, 신차 연구 개발비 1000억 원 역시 노조가 담보하며, 셋째, 일자리 나누기로 전체 고용

• 김 변호사는 삼정KPMG 보고서가 정리해고의 근거 중 하나로 내놓은 HPV(자동차 1대를 만드는 데 소요되는 시간)에 대해서도 쌍용차 내에서나 일반 삼정KPMG는 쌍용차의 HPV가 동종 업체보다 높아서 생산성이 낮다고 했지만, 그 주장의 출처로 제시한 「하버리포트」에는 국내 자동차 생산업체(쌍용차, 현대차, 기아차)들이 언급조차 되어 있지 않았던 것이다.

3장 • 누구도 정리해고에 반대할 수 없다

을 유지하는 방안 등이었다. 하지만 회사 측은 오로지 정리해고만이 해결책이라며 이를 외면했다.

김태욱 변호사는 항소 이유서에 이렇게 썼다.

쌍용자동차의 회생 절차 종료를 위해서는 여러 가지 방식(A, B, C, D)이 존재할 수 있는데, 회사는 그중 대규모 정리해고라는 C방식을 유일한 안인 것처럼 밀어붙였고 삼일 회계법인과 회생법원은 C방식을 전제할 경우 회생 계획 수행이 가능하다고 판단한 것뿐입니다. 즉 회생법원은 나머지 다른 방식(A, B, D)의 경우에 회생 계획 수행이 가능한지에 대해서는 판단한 바 없습니다.

회생법원은 회사가 제출한 회생 계획이 실현 가능한지만 따지는 곳이다. 즉, 회사가 대규모 정리해고로만 경영 정상화가 가능하다고 주장하면 그 방안이 의도한 효과를 거둘 수 있을지만 검토한다. 회생법원이 회사의 회생안을 수용한 것이 곧 정리해고만이 유일한 해법이라고 인정한 것은 아니라는 이야기다. 그렇다면 정리해고의 적법성 여부를 따지는 해고 무효 소송에서 회생법원의 판단을 근거로 삼아서는 안 된다. 김 변호사도 "정리해고의 정당성을 판단해야 할 법원이 정리해고를 주장한 회계법인의 보고서를 근거로 사용하는 건 말이 안 된다."고 비판한다.

나아가 회사는 정리해고의 기준이 무엇인지 명확히 제시하지도 않았고 최소 50일 이전에는 노조와 소통해야 한다는 단체협약상의 약속도 지키지 않았다. 노동자들은 언론 기사를 통해 대규모 정리해고가 닥쳤다는 소식을 알게 되었다. 관리자들은 조합원들을 만나 "자네 이름은 확실히 명단에 있다. 차라리 빨리 희망퇴직을 신청해라."는 식으로 당시 실제로 존재하지도 않았던 정리해고 명단이 있는 것처럼 불안을 조성하며 희망퇴직을 유도했다. 당시 관리자들은 A4 용지에 볼펜으로 적은 가짜 정리해고 명단을 들고 돌아다녔다고 한다.[6] 이는 근로기준법에 명시된 해고의 절차 요건을 어긴 것이므로 부당노동행위에 해당한다.

  결국 쌍용차 정리해고는 회사 측의 잘못으로 발생한 부실 경영과 그에 따른 회사의 회생 비용을 노동자에게 전부 떠넘긴 행위였다. 대주주 상하이차는 기술만 값싸게 뽑아내고 '먹튀'해버렸다. 기업의 이윤 증대를 위해서는 노동자를 소모품처럼 버려도 된다는 신자유주의 논리를 법원이 옹호해준 셈이다. 남은 것은 노동자들 가슴의 상처와 생활고에 시달리는 가족들, 그리고 죽음의 행렬이다.

4장
이 사람은 노동자일까 아닐까
재능교육 학습지 교사 해고 사건

"상담하다 보면, '노조 그만하시라'는 말이 목까지 찰 때가 있어요. 조합원도 얼마 안 남고 회사에 다 포섭당하고, 싸우느라 힘은 힘대로 드는데 복수 노조 되면서 교섭권 없는 소수 노조로 전락하고, 우울하죠. '이제 노조 그만하시고, 멀리 보고 가세요.' 이런 말을 하고 싶지만 상담하는 사람이 그렇게 말하면 안 되잖아요."

권두섭 변호사는 씁쓸하게 웃었다. 권 변호사에게 상담하러 오는 노동조합 활동가들의 사정은 딱하기가 오십보백보다. 사건의 양상도 대부분 비슷하다. 노조의 힘이 약해지면서 회사는 단체협약 갱신을 슬금슬금 미룬다. 참다못한 노조가 파업에 들어가면 회사는 노조의 힘이 최대한 빠질 때까지 기다리다가, 생계가 힘들어진 조합원들

• 2007년 12월부터 재능교육 본사 앞에서 천막 농성 중이며 지난 2월부터 혜화동 성당 종탑에서 고공 농성을 병행하고 있다. 부당 해고 소송 1심에서 노조가 일부 승소했으나 노조와 회사 모두 항소한 상태이다.

부터 회유해서 파업 참가율을 떨어뜨린다. 노조 내부는 분열하기 시작하고, 집행부는 내부를 단결시키기 위해 강도 높은 투쟁을 벌인다. 그러면 회사는 업무방해와 불법행위를 이유로 노조에 막대한 손해배상을 청구하고 구사대나 용역 경비 직원을 동원해 폭력으로 기를 꺾으며, 나중에는 공권력 투입을 요청한다. 결국 노조는 만신창이가 되어 파업을 접고 조합원은 흩어진다. 이때 회사는 비노조원과 복귀 조합원을 모아 회사 노조*의 설립을 지원한 다음 교섭창구 단일화를 내세워 회사 노조와 단체협약을 체결해버린다. 상황 끝이다.

그나마 노동법의 보호를 받는 노동자들은 비벼볼 언덕이라도 있다. 그런데 노동자이면서도 아예 노동법의 보호를 받을 수 없는 노동자들이 있다. 특수고용직 노동자라는 희한한 이름의 노동자들이다. 학습지 교사, 골프장 캐디, 보험 모집인, 화물차 지입 차주, 택배 기사, 퀵서비스 기사, 레미콘 및 덤프트럭 기사 등이 특수고용직 노동자로 불린다. 특수고용직 노동자는 실질적으로는 노동자인데 법적으로 소 사업주나 위탁계약자로 되어 있어 근로기준법이나 노동조합법(노동조합 및 노동관계조정법)의 보호를 받지 못한다.

서울시청 근처 재능교육 빌딩 앞에서 천막 농성 중인 학습지 교사들도 대표적인 특수고용직 노동자다. 해고자 복직, 노동조합 인정, 단체협약 원상회복을 요구하는 그들의 농성은 2007년 겨울에 시작되어 2013년 현재 5년을 훌쩍 넘겼다.

---

* **회사 노조**company union. 이름 그대로 회사가 만든다. 노조(회사)에 대해 자주성을 갖지 못하고, 사용자 친화적인 태도를 보이는 노동조합의 총칭이다. 노동조합 본연의 역할보다는 사용자의 직원 관리 기구에 가깝다.

특수고용직, 노동자인가 사업자인가?

특수고용직 노동자 문제는 국회와 정부가 필요한 법을 제정하지 않아 노동 기본권이 박탈되는 경우이다. 문제의 핵심은 이들의 노동자성 인정 여부다. 물론 사법부가 판례만 제대로 남겨도 문제를 어느 정도 해결할 수 있다. 권 변호사는 사법부가 이 문제에 워낙 소극적이어서 결국 판례와 같은 효력을 발휘할 수 있는 법을 따로 만들어야 한다고 지적한다. 그런데 법을 통과시키는 일 역시 쉽지 않다고 덧붙인다. 특수고용직 관련 입법도 국회에 계류된 지 오래이다.

"법은 벌써 예전에 국회에 올라갔죠. 핵심은 노동3권을 인정하라는 거예요. 그러니까 노조를 만들고 회사와 교섭하고 파업이 가능하도록, 노조법상 노동자성을 인정하라는 거죠. 또 산재보험을 적용하라는 것도 있어요. 특수고용직 노동자들은 업무 중에 다쳐도 산재 처리조차 받지 못해요. 사실 이 문제도 판례로 산재보험의 적용 대상을 확대하면 되는데, 사법부에서 나서지 않으니까 할 수 없이 산재법을 개정해야 해요."

"외국의 경우엔 특수고용직 노동자를 노동자로 인정하나요?"

"독일 같은 경우 심지어 주유소나 편의점 점주도 노동조합에 가입할 수 있어요."

대단하다는 생각이 든다. 편의점 점주도 노동자로 본다니. 그러나 가만 보면 그런 대리점들은 상품 가격이나 근무시간까지 본사의 통제를 받는다. 가게만 자기 소유일 뿐, 경제적 종속 관계에 놓여 있다는 이야기다. 따라서 노동3권이나 사회보험의 적용 대상이 된다. 독일은 이러한 직종들을 자영업자처럼 보이지만 실상은 노동자라고 보고 '유사 노동자'라는 이름을 붙인다. 프랑스는 우리가 특수고용직이라 부르는 직종 거의 전부를 노동자로 인정하고 이들의 노동3권을 보장한다. 영국, 이탈리아, 캐나다 등에서도 외형상 독립 사업자이지만 경제적 종속 관계에 놓여 있을 때는 파업권을 인정하고 노동법의 보호 범위를 넓히고 있다.

외국에 비해 한국은 노동자성을 너무나 좁게 해석한다. 한국에서 편의점 점주들이 자신들도 노동자라고 나서면 어떻게 될까?

"공정거래법 위반이 되죠. 그분들이 단결해서 뭘 하려고 하면, 부당공동행위*로 처벌됩니다."

오늘날 특수고용직 노동자들이 늘어나는 데는 몇 가지 이유가 있다. 우선 산업 구조가 변화하면서 직종과 근로 형태도 다양화되었고 노사 관계도 과거와 많이 달라졌기 때문이다. 그런데 더 중요한 이유는 이러한 변화를 이용하여 기업 측이 자신들에게 유리하게 고용 형태를 바꾸고 있기 때문이다.

사실 재능교육은 1990년까지만 해도 학습지 교사를 정규직으로 뽑았다. 그러다가 회사는 정규직 직원들과 단체협약을 맺어야 하는

• **부당공동행위** 사업자가 협약, 협정, 의결 또는 어떤 방법으로든 다른 사업자와 함께 부당하게 경쟁을 제한하는 행위를 의미한다. 흔히 '담합'이라고 한다.

4장 • 이 사람은 노동자일까 아닐까 135

부담을 피하려고 그들을 위탁계약직으로 전환했다. 10년 뒤인 1999년 바로 그 위탁계약직 교사들이 노동조합을 만들었으니, 회사가 노조를 얼마나 불편해했을지 짐작이 간다. 대표적인 특수고용직인 레미콘 기사 역시 과거에는 직접고용 관계였다가 위탁계약직으로 전환된 경우이다. 원래는 사업주가 레미콘 차량을 소유하고 있었는데 노동자에게 소유권을 이전하면서 독립시키고, 레미콘 기사는 다시 차량 소유권을 회사에 신탁(지입)하는 방식으로 근로 형태가 만들어진다. 즉 차량 소유자인 레미콘 기사는 차량을 회사가 정한 용도로만 써야 하며, 회사와 운송 계약을 맺고 운송량과 운송 거리에 비례해서 정해진 수수료를 받는다.

권 변호사의 말이다.

"노동법 적용을 피하기 위해 기업 측이 탈脫근로자화 정책을 쓰고 있어요. 그러면서 특수고용직이 더 늘어나고 있죠. 고정급을 주지 않고 백 퍼센트 수수료를 주는 식으로 하면 노동자성이 약화되잖아요. 또 일일이 회사가 따라다니면서 통제하고 감독할 필요도 전혀 없죠. 성과급제로 하면 알아서 열심히 일하니까요."

실제로 학습지 교사들 중에서도 남들보다 몇 배나 많은 수익을 가져가는 교사들이 있다. 밤 11~12시까지 수업하고 또 쉬는 날에는 홍보 활동을 위해 돌아다니는 등 몸이 부서지도록 일하면 수수료도 크게 늘어나기 때문이다. 또 누군가 수익이 늘면 그와 비교될 수밖에 없는 동료 교사들도 경쟁에 뛰어든다. 교사들은 과로에 시달리고, 학습지 시장의 고질적인 병폐인 유령 회원과 대납 회원(영업 실적을 유지하기 위해 탈퇴한 학습지 회원의 회비를 교사가 대납하는 것)은 불가피하게 증가한다. 이렇게 되면 회사의 이익은 점점 커지는 반면 전반적인 노동조건은 계속해서 악화된다. 재능교육 학습지 교사들이 노동조합을 만들고자 했던 것도 이러한 '바닥으로의 경주'를 막고 인간적인 노동조건을 마련하려고 했기 때문이다.

재능교육 학습지 교사들의 외로운 투쟁

권 변호사는 민주노총에서 일하기 시작했을 때부터 재능교육 노동조합 설립을 도왔다고 했다. 그때가 1999년 말이었다. 발기인 아홉 명이 노조 설립 신고를 내자 교사들이 너도나도 가입했다. 그 힘으로 노동부 앞에서 집회도 하고 압박을 가해서 한 달 반 만에 노조 설립 신고필증을 받아냈다. "학습지 교사 노동조합 1호"였다.

"신고필증 받아내는 데 몇 년은 걸릴지도 모른다고 조합원들이 걱정했는데 선생님들이 잘 싸웠죠. 한겨울에 여의도에 모여 집회를 하는데, 어떤 분은 코트 입고 어떤 분은 화장에 하이힐 신고, 다른 노동자 집회 분위기와 너무 달라 신기했던 기억이 나요."

"노동부에서 그때는 금방 노조 인정을 해줬네요."

"노동부에서도 학습지 회사가 어떻게 돌아가는지를 보고는 인정 안 할 수 없었죠. 노동부가 신고필증을 내주니까 회사도 노조를 인정하고 단체협약을 체결했습니다. 그 뒤로 2007년까지 꾸준히 노사 간에 단체협약을 갱신해왔고, 신입 교사 교육 시간에 노조 소개 시간도 내줬고, 노조 사무실도 회사가 마련했고요."
"그런데 왜 지금은 인정하지 않는 거죠?"
"노동자가 아니란 거죠. 학습지 교사는 개인 사업자라는 거죠."
"8년이나 인정해놓고 지금 와서 왜 그러는 걸까요?"

재능교육 천막 농성장에서 유명자 지부장을 만났다. 그는 "회사는 1999년 단체협약 체결 직후부터 노조 약화를 최우선으로 삼았다."고 이야기했다. 재능교육 노동조합은 한때 조합원 수만 3,800명이 넘었다고 한다. 그 조직률을 낮추는 것이 지국장들의 인사 평가 기준 1순위였다. 회식 자리에서 지국장이 조합원을 구타하기도 하고, 집에 찾아가서 협박하고, 온갖 지연과 학연을 동원해서 압박하는 일이 비일비재했다. 그래도 안 되면 자기 좀 살려달라고 인정에 호소하기도 했다. 그 과정에서 많은 조합원들이 노동조합을 탈퇴하고, 끝까지 탈퇴를 거부한 교사들은 계약 해지를 통보당했다. 말이 좋아 계약 해지이지 일방적인 해고였다. 최후에 해고된 이들이 현재 농성 중인 11명이다.

권 변호사는 2005년 대법원에서 학습지 교사는 노동자로 볼 수 없다는 판결이 나온 것이 회사 측의 탄압에 근거가 되었다고 말한다.

"타 학습지 회사에서 일어난 부당노동행위 소송에 대한 판결이었어요. 그렇지 않아도 노동조합을 눈엣가시로 보던 재능교육 측은 이 판결을 근거로 노조를 더 강하게 압박했어요. 노동자라고 인정하면 법적으로 보호를 받고, 휴가도 정해진 일수 이상 줘야 하고 복지 수당도 주고 노조도 인정해야 하니까요. 판결을 봐라, 당신들은 개인 사업자이고 우리와 종속 관계가 없다, 그러니 단체협약을 계속 체결할 이유가 없다, 이렇게 나온 겁니다."

"개인 사업자라도, 재능교육 측의 행위를 부당하다고 말할 수 있지 않나요?"

"그런 경우 법원은 경제법으로 해결하라는 거죠. 공정거래법이나 약관법 같은. 그런데 노동법으로 접근할 때는 인정되는 단체행동의 권리가 경제법에서는 인정이 안 돼요."

회사 측은 2007년 새로운 수수료 제도를 내놓고 그것을 받아들이라고 압박했다. 학습지 교사는 임금이 아닌 수수료를 받는다. 수수료는 교사가 맡고 있는 과목의 수, 기존 회원 관리 실적과 신입 회원 가입 실적에 따라 천차만별이다. 당시 회사에 협조적인 노조 집행부가 새로운 수수료 제도를 선선히 수용해버렸다. 제도의 부작용이 금세 나타나기 시작했다. 이전의 수수료 제도에 비해 영업 실적에 따라 교사가 손에 쥐는 금액이 큰 폭으로 변동한 것이다. 변경된 수수료 제도는 성실히 수업에 집중하는 교사보다 신규 회원을 한 명이라도 더 모으는 교사에게 유리한 제도였다. 교사들 가운데 많게는 백만 원 이상 수수료가 깎인 경우도 있었다.

교사들의 불만이 높아지자 기존 노조 집행부가 사퇴하고 2007년 11월 유명자 집행부가 선출되었다. 유 지부장은 새로운 수수료 제도를 다시 바꾸고 바닥으로 곤두박질하고 있던 노조의 구심력을 회복하기 위해 대학로 재능교육 본사 앞 천막 농성을 시작했다. 그러나 돌아온 것은 구사대의 무자비한 폭력이었다. 유 지부장의 회고다.

"12월 21일 농성 첫날부터 구사대들이 천막 다 부수고 뺏었어요.

2013년 현재 혜화동 성당 종탑 위에서 농성 중인 재능교육 해고 교사들. ⓒ『노동과 세계』

천막 뺏기면 스티로폼 깔고, 또 스티로폼 뺏기면 노숙하고, 2박 3일 72시간 내내 싸웠어요."

농성 초기에도 회사는 구사대를 동원해 천막을 철거하는 등 물리력을 행사했지만, 2010년 초 용역 경비 업체가 고용되면서 노조가 겪은 고역은 이루 말할 수 없다. 그 업체는 유성기업 등에서 노조 파괴로 유명했던 'CJ 시큐리티'인데, 용역 직원들은 여성 농성자들을 욕설, 음담패설, 폭행, 미행, 협박 등 갖은 방법으로 괴롭혔다.

"골목에 끌고 가서 폭행하고, '발목 끊어버린다', '죽여버린다'고 말하는 건 일상적이다. 혜화동 재능교육 본사 앞에 CCTV가 수십 대인데, 앞에서 제압하고 뒤에서 폭행한다. 우리는 항상 소수인데, 용역 10~20명이 CCTV에 찍히지 않게 우리를 둘러싸고 폭행한다. 주먹으로 치고, 멱살 잡고, 침 뱉고. 여성 조합원들에게는 더 심하다. 사진을 얼굴에 가까이 들이대고 찍으며 스트레스를 주기도 한다."

"농성을 하고 있으면, 위에서 누가 보는 것 같다. 용역이 계단 위에서 쭈그리고 앉아서 사진기 하나 들고 밤에 팔짱 끼고 앉아서 쳐다본다. 우리가 너무 무서우니까 거꾸로 공격적으로 항의한다. 그러면 돌 하나 툭툭 던지며 '해 봐? 안 무서워? 밤인데. 너 그렇게 다니다 큰일 날 텐데.' 라고 말하며 위협한다."

"밤에 노숙 농성하면, 여성 조합원이 무서우니까 방송차 안에서 혼자 잔다. 그러면 용역 2~3명이 번갈아가면서 와서 '밤에 잠자우면 낮에 시끄러워서 안 된다.' 며 30분에서 1시간 간격으로 차를 흔들며 깨운다."[1]

재능교육 측은 '노사 간에 합법적으로 단체협약을 체결했는데, 노조 권력을 잡으려는 불법 세력이 단체협약을 위반하고 있다.'는 식으로 선전했다. 노동부도 회사를 옹호하기 시작했다. 노동조합 탈퇴 압박을 받은 조합원들이 하나씩 탈퇴서를 쓰고 빠져나가자 회사는 2010년 12월 마지막까지 남은 조합원들에게 위탁계약 사업 종료를 통지했다. 아래는 통지서의 일부다.

임의 단체인 학습지 노조는 당사를 상대로 불법 농성, 업무방해, 회사 직원에 대한 폭력 행위, 회사 시설 손괴, 회사 및 경영진에 대한 명예훼손 등 불법행위를 지속하고 있습니다. 귀하는 향후에도 임의 단체인 학습지 노조 조합원으로 가입을 유지하고 운영비를 지속적으로 지원하겠다는 의사를 분명히 밝혔고, 이에 당사는 **더 이상 귀하와의 위탁 사업 계약을 유지할 신뢰가 파탄됨에 따라 위탁 사업 계약을 갱신하지 않으며**, 2010년 12월 31일부로 위탁 사업 계약이 종료됨을 통보 드립니다.[2] (강조는 인용자.)

노동조합 가입이 '신뢰의 파탄'이라는 말은 아이러니하다. 회사는 8년도 넘게 노동조합을 인정하고 상생을 말해왔다. 그런데 법원이 학습지 교사는 노동자가 아니라고 규정하는 순간, 노동조합 활동은 노사 간 신뢰를 깨는 일이 된다. 이전에도 회사의 본심은 후자가 아니었을까.

재능교육 노동자들은 처음에는 수수료 제도의 재개정을 목적으로 농성을 시작했다. 2010년 이후에는 노동조합 인정과 해고자 복직까지 요구하게 되었다. 회사는 해고자들에게 막대한 액수의 손해배상 청구와 본사 건물에 대한 접근 금지 가처분 신청까지 걸어놓아, 나중에는 조합원들의 청약 저축 통장, 급여 통장이 가압류되고 집안 살림살이까지 압류 딱지가 붙었다. 노동조합 사무실 집기와 컴퓨터, 방송차와 지부장의 개인 승용차까지 압류당해 경매 처분되었다. 법과 회사와 행정관청과 공권력이 힘을 합쳐, 할 수 있는 일이라고는 천막 농성뿐인 노동자들을 클릭 한 번으로 컴퓨터 파일을 삭제하듯 지우려 한다고 말하면 과장일까?

한 해고 노동자의 글이 가슴을 찌른다.

"어항에서 건져낸 금붕어를 툭툭 치다가, 꾹꾹 누르거나 뒤집어 보기도 하다가, 언제가 가장 힘들든…… 하면 뭐라고 대답할까? 물을 벗어난 순간부터 고통은 매 시각으로 더 심해지는 것이 아닐까?"[3]

노동자가 되는 것조차 쉽지 않은 현실

"재능교육 부당 해고 소송의 쟁점은 무엇이었나요?" 재능교육 노동조합의 지난 일을 상세히 알고 있는 권두섭 변호사에게 사건의 법적 쟁점을 물어보았다.(현재 소송은 금속노조 법률원 조현주 변호사가 주심을 맡아 진행하고 있다.)

"학습지 교사들이 회사와 종속적인 관계를 맺는 노동자냐 아니냐 하는 거죠. 여기엔 판례상의 기준들이 있어요."[4]

대법원 판례는 노동자인가 개인 사업자인가를 판단하는 데 있어 여러 종류의 까다로운 기준을 제시한다. 우리가 흔히 노동법이라고 부르는 여러 법들 중에 대표적인 것이 근로기준법과 노동조합법인데, 일반적으로 근로기준법상 근로자와 노동조합법상 근로자 중 후자의 범위가 더 넓다고 본다.

"근로기준법에서 노동자라고 판단하는 기준은 이래요. 우선 그 사람이 사용자와 종속적인 관계를 맺고 있느냐, 즉 회사의 지휘 감독을 받으면서 근무시간이나 근무 장소를 회사가 정해준 대로 하느냐 아니면 자기가 알아서 결정하느냐. 또 그 사람이 노동자가 아니라 개인 사업자라면 그가 독립적으로 사업을 운영할 수 있느냐, 즉 비품, 자재, 도구 등을 직접 소유하고 사업 손실에 따른 위험도 스스로 지고 있느냐 등등. 그 밖의 세세한 기준들도 있긴 해요. 예를 들어 임금에서 기본급이 있느냐 수수료를 받느냐 하는 것. 하지만 그런 기준들은 사업자가 우월한 지위를 이용해서 임의로 정할 수도 있기 때문에 그 자체로는 완전한 기준이 되지 못하고요."

이쯤 되면 '노동자도 아무나 하는 게 아니구나.'라는 생각이 든다. 변호인단은 우선 학습지 교사가 근로기준법상 노동자라고 주장했고, 혹 그렇지 않더라도 최소한 노동조합법상으로는 노동자에 해당한다고 주장했다. 따라서 회사 측의 일방적인 계약 해지는 노동조합법상 부당노동행위라는 것이다. 그런데 왜 두 법의 기준이 다른 것일까?

근로기준법에서는 노동자를 '사업장에서 임금을 받으며 근로를 제공하는 사람'으로 규정한다. 그리고 노동조합법에서는 '임금이나 급료 또는 이에 준하는 수입으로 생활하는 사람'으로 규정한다. 이러한 규정의 차이가 생기는 이유는, 근로기준법은 근로를 제공하는 사람을 국가가 어디까지 직접 보호해줄 필요가 있는가를 정하기 위한 법이고, 노동조합법은 단결권을 누구에게까지 보장할 것인가를 정하기 위한 법이기 때문이다.

과거 판례에서는 구직자나 실업자들에게도 단결권을 인정할 수 있어야 한다고 봤다. 그들이 전형적인 임금 노동자는 아니지만, 노무를 제공받는 쪽(즉 일반적으로 기업)이 힘이 더 셀 경우에, 노무 제공자들이 단결하여 자신들의 권익을 지킬 수 있어야 한다는 것이다. 이런 이유로 노동조합법상의 노동자성 인정 범위가 근로기준법보다 폭넓은 것이다.

그동안 대법원 판례는 채권 추심인, 레미콘 기사, 골프장 캐디, 학원 운전기사 등 특수고용직 노동자들이 부당 해고나 퇴직금 청구 소송을 했을 때 이들의 노동자성을 인정하는 근거로 사용된 적 있었다. 하지만 재능교육과 같은 대기업을 상대로는 이런 기준이 잘 받아들여지지 않았다. 노동부도 검찰도 '학습지 교사는 노동자가 아니어서 노동법 적용이 불가하다.'는 답변만 반복해왔다. 변호인단은 이를 뒤집기 위해서 꼼꼼하게 증거를 준비했다.

- 재능교육 홈페이지에 있는 학습지 교사 채용 공고를 보면 '급여 조건'에 '연봉 2,600~2,800만 원'으로 기재되어 있고 주5일

근무, 월차, 보건 휴가, 경조사 휴가 등의 근로조건이 기재되어 있다.
- 홈페이지 어디에도 학습지 교사가 재능교육의 직원이 아닌 별도의 개인 사업자라는 내용은 없다.
- 학습지 교사와 재능교육 사이에 체결된 계약서에는 '업무 지침'을 기준으로 교사의 실적이나 근무 태도를 평가하여 징계 조치를 내릴 수 있게 되어 있다. 학습지 교사들은 업무 지침을 통해 회사의 관리 감독을 받았다.
- 회사는 학습지 교사들의 활동 구역을 정해주었으며 활동 구역 밖의 회원을 가르칠 수 없다. 각종 교재나 비품은 회사가 지급한 것이며 계약 해지 시 회사가 이를 회수한다.
- 회사는 학습지 교사들의 겸업을 금지하고 있다. 수입이 부족한 사람이 별도로 과외 수업을 하려고 회사에 허용 여부를 문의했으나 회사는 불가하다고 대답했다.
- 월수금 10시에 지국에 출근하여 조회에 참석해야 한다. 이때 회원으로부터 회수한 교재를 제출하고 고객 상담 카드를 작성하며 지국장으로부터 업무 지침이나 영업 방침을 전달받는다. 출근하지 못하면 사유를 보고해야 한다. 조합원 유득규는 "15년 이상 재능교육에 근무했지만 재택근무자는 한 명도 보지 못했다."고 증언했다.

업무 하나하나마다 회사의 지시와 감독을 받고, 회사가 정한 시간에 회사가 정한 곳으로 출근하며, 회사가 정한 업무 기준에 따라 포상과 징계를 받는 이 사람들은 노동자일까 아니면 개인 사업자일까?

 2012년 11월 1일, 서울행정법원은 교사들의 요구를 일부 수용한 판결을 내렸다. 노동조합 활동을 이유로 학습지 교사와의 계약을 해지한 것은 부당노동행위에 해당하므로 무효라는 것이다.

[기사] 법원, "재능교육 일방 해고 부당"

서울행정법원 행정12부(박태준 부장판사)는 1일 전국학습지산업노동조합과 전직 재능교육 교사 8명이 "계약 해지가 부당하다."며 중앙노동위원회를 상대로 낸 부당 해고 및 부당노동행위 구제 재심 판정 취소 청구 소송에서 원고 일부 승소 판결했다. (……) 재판부는 "**대등한 교섭력 확보를 통한 노동자 보호라는 노동조합법의 입법 취지와 교사들이 근무 대가인 수수료만으로 생활하면서 상당한 정도로 재능교육의 지휘·감독을 받은 점을 고려하면 노동조합법상 근로자로서의 성격은 인정된다.**"고 판단했다. (……) 법원 관계자는 "학습지 교사들도 법에 규정된 요건을 갖췄다면 단체교섭 권한을 인정해야 한다는 취지"라며 "종래보다 노조법이 보호하는 근로자의 개념을 더 넓게 보는 판결"이라고 설명했다.[5] (강조는 인용자.)

재판부는 다소 이중적인 결론을 내렸다. 학습지 교사들이 회사와 어느 정도 종속적인 관계에 있기는 하지만 근로기준법상 근로자로 보기는 어렵고, 노동조합법상 근로자로 보는 것이 합당하다고 한 것이다. 학습지 교사는 기본적으로 위탁계약에 따라 노무를 제공하며, 주된 노무라 할 수 있는 학습 지도에서 상대방은 회사 외부의 회원들(학생들)이므로 일반적인 임금 근로와 다르다는 것이 그 근거였다.

학습지 교사들은 최근까지 근로기준법과 노동조합법 모두에서 노동자로 인정되지 못했다. 회사는 이를 빌미로 노동조합을 탄압하고 단체협약을 부정했다. 노조 활동을 이유로 조합원들을 해고했다. 이번 판결은 다소 아쉬움이 남지만, 적어도 회사가 노동조합의 존재만큼은 인정해야 한다고 촉구한 것이었다.

권 변호사는 재능교육 싸움을 우리 사회의 노동자성의 범위를 문제 삼은 상징적인 사건으로 본다. 노동자는 학교 다닐 때 공부 못한 사람이 선택하는 주변적인 직업이 아니다. 업종이나 소득과 무관하게 자본주의 사회에서 자신의 노동을 제공하고 그 대가를 받아 살아가는 사람 모두를 부르는 이름이다. 이렇게 생각을 전환할 때 노동 문제를 사회의 주변적인 의제가 아닌 중심적인 의제로 이해할 수 있다. 그래야 노동조건의 문제가 모두의 관심사가 될 수 있다. 이번 판결은 특수고용직의 노동자성을 인정하는 데 중요한 계기가 될 것으로 보인다.

천막 농성을 시작한 후 여섯 번째 겨울을 나고 있는 재능교육 해고 교사들. 그들에게 따뜻한 봄이 어서 왔으면 좋겠다.

5장
비정규직 보호법이 비정규직을 늘린다
이랜드-뉴코아·KTX 여승무원·현대중공업 사내 하청 사건

얼마 전 텔레비전 드라마를 보고 있는데, 여자가 남자에게 이런 말을 한다.

"나도 이제부터 신문에 나오는 그런 사람이거든요."

"신문?"

"오늘부터 비정규직이거든요."

비정규직. 지난 10년 동안의 대한민국을 설명하는 가장 대표적인 단어 중 하나.

- **이랜드-뉴코아 사건** 2007년 비정규직 보호법 시행을 앞두고 이랜드의 대규모 해고에 맞서 일어난 파업. 2008년 이랜드는 홈에버를 홈플러스에 매각했으며 파업 노동자 대부분이 직접고용 되었다.
  KTX 여승무원 사건 정규직화 약속 이행을 촉구하며 2006년 시작된 KTX 여승무원들의 파업. 승무원들은 1심에서 모두 승소했으나 2심에는 승소와 패소로 갈렸고, 패소한 노동자들과 철도공사의 상고로 대법원에 계 있다.
  현대중공업 사내 하청 사건 2003년 현대중공업 사내 하청 업체 노조가 설립된 뒤 2003년 말 하청 업체들이 집단 폐업한 사건. 2010년 대법원은 하청 노동자에 대한 현대중공업의 사용자성을 인정했으나 현대중공업은 여전히 이를 부정하고 있다.

한국비정규노동센터가 2012년 8월에 통계청 자료를 분석한 결과, 비정규직은 전체 임금 노동자의 47.5퍼센트, 843만 명에 이른다고 한다. 수치상 절반 정도의 노동자가 정규직이라는 이야기이지만, 신규 채용의 경우 비정규직의 비율은 훨씬 높아진다. 그리고 비정규직이 처한 현실은 드라마 속 대사처럼 명랑하지 않다. 비정규직의 임금은 정규직의 49.6퍼센트, 딱 절반이다. 정규직의 근속 연수가 8.17년인 데 비해 비정규직은 2.24년에 불과하다. 정규직이 한 번 직장을 바꿀 때 비정규직은 최소 세 번을 옮겨 다닌다는 뜻이다.

비정규직의 불안정한 근로조건과 차별, 저임금 문제 등이 무시할 수 없는 사회 문제로 떠오르면서 정치권에서도 여야를 가리지 않고 해법을 내놓고 있다. 18대 대통령 선거에서도 비정규직 문제는 큰 이슈였다. 정규직과 비정규직의 차별을 완화하겠다, 공공 기관부터 비정규직을 정규직화하겠다, 공시 제도를 활성화해 기업들의 정규직 전환을 유도하겠다 등의 대책들이 나왔다. 하지만 문제를 해결하기 위해서는 문제의 원인에 메스를 대어야 한다. 노동 변호사들은 비정규직이 이렇게 늘어난 데는 비정규직을 보호하겠다며 도입한 비정규직 보호법에 큰 문제가 있다고 말한다.

비정규직 보호법은 2006년에 도입되었다. 날로 심각해지는 비정규직 문제에 정부가 대책을 내놓은 것이다. 비정규직 보호법은 크게 두 부분으로 나눌 수 있다. '기간제법(기간제 및 단시간근로자보호 등에 관한 법률)'과 '근로자파견법(파견근로자보호 등에 관한 법률)'이 그것이다.

그런데 이 법은 노동계가 원하던 비정규직 대책이 아니었고, 노동법의 원래 취지에서도 벗어난 법이었다. 사실 근로계약에 기간을 정하는 내용을 포함한다든가, 중간 관리자를 두기로 한다든가 하는 것은 노동법의 본래 취지와는 어긋난다. IMF 이후 신자유주의 정책이 급속하게 시행되면서 산업 현장에서 계약직, 파견직 등 각종 탈법적인 고용 형태가 늘어났고 이에 대한 규제와 정상화가 필요했다. 하지만 비정규직 보호법은 탈법적인 고용 형태들을 규제하고 정상화한 게 아니라 오히려 합법성을 부여해버렸다.

비정규직 보호법, 시작부터 잘못 끼운 단추

권두섭 변호사는 2004년 당시 비정규직 보호법 입법이 논의될 때, 국회 환경노동위원장이 주관한 회의를 민주노총 실무자 자격으로 지켜본 적이 있었다. 당시 회의에는 환경노동위원장, 노동부 차관, 민주노총 사무총장, 한국노총 사무총장, 경총 부회장, 기타 사용자 단체 실무자 등이 참여했다. 여러 이해 당사자가 참여하다 보니 회의장에는 긴장이 팽팽했다. 잠시 쉬는 시간이면 각 단체끼리 모여 대책을 논의하고 다시 회의에 들어가는 그런 상황이었다.

"당시 쟁점이 무엇이었나요?"

"가장 핵심적인 것은 '사유 제한'을 포함시켜야 한다는 거였죠. 원래 고용 형태에서 근로 기간을 정하는 것은 노동 기본권을 보장하려는 노동법의 취지에 맞지 않습니다. 물론 불가피한 경우가 있죠. 직원이 출산 휴가를 가서 잠시 그 자리를 메운다든지, 농촌 추수기에 일시적으로 사람을 모은다든지. 이런 사유가 있을 때만 계약직을 쓰게 하고 그 외 고용의 기본 형태는 정규직이 되어야 해요. 그런데 열린우리당(당시 여당)은 사유 제한은 절대로 받을 수 없다는 거예요. 기간 제한만 해야 한다, 2년 동안 비정규직 쓰고 2년이 넘으면 정규직화하라는 거죠. 한나라당(현 새누리당)은 말할 것도 없이 같은 입장이었고요."

그러나 현실에서 2년 기간제는 '2년 쓰고 자르는' 제도로 변질되었다. 사용자 입장에서는 계약직을 고용하는 데 아무 제한이 없으므로 굳이 정규직을 고용할 필요가 없어진다. 단지 기간만이 문제가 되는데, 비록 그 업무가 지속적으로 누군가를 고용해 맡겨야만 하는 일이라도, 일단 계약을 해지하고 다른 사람으로 새로 계약하면 그만이다. 사용자는 고용 안정성에 대해 책임을 질 필요가 없게 된다. 권 변호사는, 차라리 그 법이 없었다면 계약직일지언정 계약을 갱신했을 가능성이 높고, 그럴 경우 노동자가 맡은 일이 상시적인 업무가 되어 노동자에게 기대권*이 발생한다고 한다.

이렇게 되면 사용자라도 계약 갱신을 마음대로 거절할 수 없다. 그러나 법으로 2년 기간제를 확정하면, 노동자의 입장에서 2년 후에도 계속 고용되리라는 기대를 원천적으로 가질 수가 없게 된다. 따라서 사용자가 계약 갱신을 거절해도 기대권 침해가 되지 않는다. 권 변호사는 말한다.

"법 도입의 취지는 2년 뒤에 정규직으로 전환하라는 거지만, 실상

• **기대권** 어떤 일을 계속 해왔으므로 특별히 잘못하지 않는 한 앞으로도 계속 할 것이라고 기대할 수 있는 법적 권리. 희망권이라고도 한다.

2년만 쓰고 잘라도 된다는 의미로 변질되어 버렸어요."

"어째서 당시 여당은 기간 제한만 고집했던 걸까요?"

"그때 보니까 이미 노동부가 법안을 완전히 장악하면서 사용자 측의 요구에서 벗어나지 않도록 끌고 가더라고요. 열린우리당은 다수당인데도 전혀 의지가 없었고. 누가 사유 제한을 도입해야 한다고 얘기만 꺼내면 손사래를 치면서 '그건 혁명이나 일어나야 된다.'는 식이었어요."

"오늘날에 와서는 기간제법이 비정규직 노동자의 근로조건만 더 불안하게 만들었다는 지적이 있는데요."

"네. 민주노총에 노동자들이 전화해서 항의하기도 해요. 비정규직 철폐 요구하지 말고 차라리 기간이라도 더 늘려달라고. 그 법 때문에 2년마다 잘리게 생겼으니 차라리 기간을 4년이나 5년, 10년으로 늘려달라고 하는 경우도 있어요. 그러니까 노동부도 기간을 연장하는 쪽으로 비정규직 법을 개정하자는 이야기를 하고 있어요."

'정규직 전환 안 해도 좋으니까, 차라리 비정규직으로라도 오래 일할 수 있게 해달라.' 이것이 대한민국 노동자들의 요구라니. 이보다 우리 노동 현실의 비극성을 잘 보여주는 사례가 있을까?

비정규직 보호법 도입과 이랜드-뉴코아 투쟁

권 변호사는 비정규직 보호법의 도입이 비정규직 노동자들의 소선을 어떻게 더 악화시켰는지 보여주는 사건으로 이랜드-뉴코아 투쟁을 든다. 2007년 7월 1일 비정규직 보호법 시행을 앞두고 주식회사 이랜드는 계열사인 유통 매장 홈에버와 뉴코아 백화점의 계산원들을 대규모로 해고했다.

법이 발효되면서 사용자에게 두 가지 의무가 지워졌다. 첫째, 법 시행 이후에는 채용된 지 2년이 지난 계약직 노동자는 정규직이 된다. 둘째, 동일 노동에 대해 합리적 이유 없이 차별하면 안 된다. 똑같은 계산원인데 정규직 노동자에게는 130만 원을 주고 비정규직 노동자에게는 80만 원을 주면 차별에 해당한다. 그러면 노동자가 노동위원회에 차별 시정 신청을 하거나 소송을 할 수 있다.(고용주에 대한 형사처분 조항은 없다.)

여기에 이랜드 측이 어떻게 대처했는지 보자. 법 시행 전에 계산원 업무를 모두 용역 업체에게 넘기려고 했다. 직원들을 용역 업체 직원으로 전환하면, 동일 노동을 시킨다 해도 동일 임금을 주지 않아도 된다. 차별 시정은 같은 업체에 소속된 노동자들에 대해서만 적용되기 때문이다. 이때 기존 직원들을 용역 업체로 넘기는 과정에서 온갖 편법들이 동원되었다. '0개월 계약' 등의 언론 보도로 시끄러워진 것도 이때였다. 일주일, 보름, 한 달짜리 계약 등 불법 근로계약이 판을 쳤다.

권 변호사의 설명이다.

"가령 용역 업체는 6월 15일에 들어오는데 이 계산직원의 계약 기간은 5월 31일까지면, 보름 동안 일손이 부족하잖아요. 그러니까 보름짜리 계약서를 쓰는 거죠. 또 백지 계약이라 해서 근로계약서 쓸 때 기간을 공란으로 비워놓고 일단 사인만 받아놓은 다음에, 관리자들이 갖고 있다가 용역 업체 들어오는 날에 맞춰 기간을 자기들이 적어 넣는다든가 하면서 초단기 계약을 강요했죠."

뉴코아 노동조합은 비정규직 노동자들이 대규모로 해고되자 계산원 계약 해지는 부당하며 그들을 직접고용 할 것을 회사에 요구했다. 교섭이 결렬되자 노동조합은 파업에 들어갔고 뉴코아 강남점 점거도 시도했다. 유통 매장 홈에버와 아웃렛점을 중심으로 조직된 이랜드 일반노조도 파업에 들어갔다. 이랜드 일반노조는 6월 말 상암 월드컵 경기장의 홈에버 매장을 점거했다.

상암점 점거는 매우 극적이었다. '아줌마 조합원'들이 마치 쇼핑하러 온 것처럼 작은 상품 하나씩 들고 계산대 앞에 죽 늘어서 있다가, 집행부의 신호와 함께 일시에 계산대를 장악해버렸다. 대형 매장은 계산대를 점거하면 매장 전체를 멈출 수 있다. 상암점은 서울에 있는 홈에버 매장 중 가장 매출이 높은 데다 그 위치상 상징적이기도 했다. 80만 원의 월급을 받고 의자도 없이 서서 일하던 계산원 노동자들이 매장을 점거했다는 소식이 퍼져나갔고, 수많은 시민들이 파업을 지지하며 모여들었다. 매장 점거는 장기화되었다.

이 투쟁은 비정규직 보호법 도입으로 촉발된 것이므로 단순한 노사 갈등일 수 없었다. 정부는 법 시행부터 저항에 부딪치자 단호하게 대처했다. 결국 공권력을 투입해 농성 노동자들을 강제 해산했다. 김경욱 위원장은 구속되었고 조합원들은 징계, 해고를 감수하면서 1년간 파업을 이어갔다. 이랜드는 결국 홈에버를 매각했다. 새

주인이 된 홈플러스는 파업 노동자들을 직접고용 하기로 했다. 대신 김경욱 위원장을 비롯한 핵심 간부들은 복직을 포기해야 했다.

이랜드 조합원들은 '스머프'라 불렸다. 그들이 입은 티셔츠가 파란색이어서 붙은 별명이었다. 심술궂은 마법사와 고양이에 맞서는 스머프처럼, 그들도 대기업과 공권력 앞에 꿋꿋하게, 홍겹고 유쾌하게 싸웠다. 그러나 파업이 길어질수록 자신과 가족이 겪는 고통도 커졌다. 가족을 위해 투쟁하고 있지만 그 투쟁으로 가족의 생계가 기울 때의 심정. 아래는 이랜드 일반노조 한 조합원의 이야기다.

[기사] 스머프의 웃고 울었던 삼백일의 기록

날마다 농성으로 바쁜 날이었다. 큰아이가 문자를 보냈다.

'드디어 전기가 끊어졌다'

집회가 끝나고 회의가 밤늦게까지 이어지도록 황선영 씨(조합원)는 아이에게 문자의 답을 해주지 못했다. 전기가 끊겼다는데 무슨 답을 할 수 있단 말인가. 자정이 다 되어 집 현관문을 열고 들어섰다. 집은 사라지고 없다. 어둠, 칠흑 같은 어둠뿐이다. (……) 큰아이의 뒷모습이다. 촛불을 켜놓고 무엇인가를 열심히 적고 있다. 황선영 씨는 아이를 부르지 못했다. 인기척을 느꼈을 아이도 뒤를 돌아보지 않았다.

그날 밤, 황선영 씨는 밤새 베개를 적시며 새벽을 맞이했다.

"진정 나와 우리 가족이 처해 있는 전기마저 끊긴 이 참혹한 현실 속에서 지금의 선택이 과연 옳은가. 지금 당장 먹을거리가 없고 기본적인 삶도 살지 못하는데……. 이런 가족들의 고통을 뒤로 하고 길바닥에 앉아 투쟁만을 외치는 내 모습이……, 진정, 진정 우리 아이들의 엄마의 모습인가."[1]

비정규직 보호법이 기간 제한이나 임금 차별 같은 몇몇 제한 조건만 가지고 있을 경우 현실적인 노사 관계에서는 실효성이 없다. 회사 측은 그러한 제한 조건을 회피하는 방법을 찾아내고, 규제를 얼마든지 무력화할 수 있다. 게다가 비정규직 보호법에는 회사 측의 불법행위를 형사처분할 장치도 없다.

'지상의 스튜어디스'가 몸에 사슬을 두르다

비정규직 문제가 사회적 이슈로 떠오르던 무렵, 그런 문제는 저학력 노동자들 혹은 '아줌마 노동자'들의 문제라고 생각하는 사람들이 있었다. 그러나 이런 선입견을 깬 대표적인 사건이 KTX 여승무원들의 투쟁이다.

2004년 초고속 열차 KTX가 개통하면서 철도청(이후 철도공사로 전환되었다가 현재 코레일로 명칭을 바꾸었다.)은 여승무원 채용 공고를 냈다. 언론이 '지상의 스튜어디스'라고 크게 보도하면서 여승무원 채용은 세간의 관심을 끌었다. 막강한 스펙의 지원자들이 대거 몰려들었다. 김영선 씨도 그때 채용된 승무원이다. 그는 이후 철도노조 KTX 승무지부 상황실장을 맡았다. 김 씨의 말이다.

"항공사 승무원 준비를 하다가 KTX 승무원 채용 공고를 봤어요. 어른들이 보시고 여기가 공기업이니까 낫겠다, 여기 지원해봐라 하시더라고요. 저뿐만이 아니라 같이 지원한 친구들이 많이 그랬이요. 어른들 말 듣고 많이 왔더라고요. 면접을 보려고 갔더니 애들 수준이 엄청 높은 거예요. 스펙이. 면접 본 날 저는 뉴스에도 나왔어요. 지상의 스튜어디스다. 영어 면접도 한다더라 하면서 무슨 홍보 하듯이. 붙고 나니까 매일 취재가 오고 인터뷰도 하러 오고, 저희가 대단한 사람들이 된 것 같은 기분이었어요."

2004년 초, 김영선 씨와 그의 동기들은 치열한 경쟁을 뚫고 입사했다. 그런데 그들이 소속된 회사는 철도청이 아니라 철도청 산하 홍익회였다. 하지만 여승무원들은 그다지 큰 의미를 두지 않았다. 그들은 자신이 철도청 직원이라는 것을 의심하지 않았다.

"저희를 면접할 때도 철도청에서 오신 분들이 직접 면접했고, 그 분들이 교육했고, 철도대학 교수님이 강의도 했고, 교육 후에 회식할 때도 철도청 직원들과 움직였어요. 철도청장님도 같이 오셨고. 철도청 팀장들도 '철도 역사상 이렇게 스펙 좋은 사람들이 한꺼번에 들어온 게 처음이다.'는 얘길 했어요. 실제로 항공기 스튜어디스를 하다가 거기 일을 그만두고 KTX에 지원한 사람도 있었어요."

당시는 철도청이 철도공사로의 전환을 앞두고 있었을 때였다. 간부들은 여승무원들에게 "지금은 아직 공사가 되기 전이라 자리가 안나서 이렇게 뽑을 수밖에 없다. 내년엔 정직원이 될 수 있다."고 이야기했다고 한다. 심지어 여승무원들은 앞으로 있을 승진 시험에 대비하기 위해 모임까지 꾸려 공부했다. 그러나 이후로도 정직원이 될 것이라는 약속은 실행되지 않았다. 2005년 철도청이 철도공사로 전환되었지만 여승무원들은 철도공사의 자회사인 '철도유통'이란 회사로 다시 입사 계약서를 쓸 것을 요구받았다. 소속을 옮기자 이번에는 월급이 20~30만 원씩 깎였다. 불만이 쌓여갔다. 마침 철도공사 노동조합에서 KTX 여승무원들을 만나 노동조합의 필요성을 설득했고 얼마 후 KTX 승무지부가 결성되었다.

2006년 3월 1일 철도노조가 '구조조정 저지, 해고자 복직, 비정규직 차별 철폐' 등을 내걸고 파업에 들어갔다. 승무지부 여승무원들도 파업에 참여했다. 파업은 그들 생전 처음 해보는 경험이었다. 배낭에다 먹을 것을 잔뜩 챙겨서 집결지로 가는데 가슴이 두근두근했다고 김영선 씨는 회상한다. 그들은 철도공사에게 직접고용 약속을 이행하라고 촉구했다. 그러나 철도노조는 정부의 강경 대응에 얼마 가지 못하고 파업을 접었다. 여승무원들은 자기들만이라도 파업을 계속하기로 했는데, 그만큼 불만이 컸던 까닭이다. 철도노조의 지원 아래 그들의 기나긴 싸움이 이어졌다.

장기 투쟁 중인 노동자들을 만나면 대부분 하는 말이 있다. "이렇게 길게 갈 줄 알았다면 시작 안 했을 거다."라고. KTX 여승무원들도 자신들의 싸움이 몇 년을 갈 것이라고는 상상조차 하지 않았다. 김영선 씨는 파업을 시작할 때 동료들과 이런 얘기를 했다고 한다. "걱정 마. 우리가 없으면 열차가 다닐 수 있겠어?"

그것은 오판이었다. 철도공사는 파업 한 달 만인 2006년 4월에 철도유통과의 승무원 공급 계약을 해지했다. 공사는 여승무원들에게 새로 생긴 'KTX 관광레저'라는 회사로 전원 복귀하라고 지시했다. 또 한 번 외주 회사로 늘어가라(세 번째였다)는 말을 여승무원들은 받아들일 수 없었다.
 김영선 씨는 이렇게 말한다.

 "동료들 대부분 학교 다닐 때 학생회 해본 적도 없고, 등록금 반대 집회에 간 적도 없었어요. 노동조합도 몰랐고요. 그런데 같이 일하니까 금방 친구가 돼서 똘똘 뭉치게 됐죠. 우린 처음에 비정규직이란 단어도 몰랐어요. 입사 계약서에 1년으로 계약하는 것도 다들 그렇게 하는 건 줄 알았고, 철도청이 철도공사 되면 (계약서) 다시 쓸 거라고 해서 그런 줄 알았죠. 그런데 철도유통으로 가라고 하니까, 뭐야 이거 왜 이래? 정직원 전환해준다고 했는데 왜 안 해줘? 이러면서 다 같이 노조에 들어가고 직접고용 하라고 파업까지 했던 거죠."

 여승무원들이 복귀 지시를 거부하자 공사는 그들을 해고하고 KTX 관광레저와 계약을 맺었다. 다른 계약직 승무원들이 열차를 채웠다. 여승무원들은 열차 내 승객의 안전을 책임지는 '지상의 스튜어디스'를 그토록 간단히 갈아치울 수 있다는 데 충격을 받았다. 그들은 정부가 책임지고 해결하라며 국회를 점거하기도 했고(당시 한명숙 씨가 최초의 여성 총리가 되자 면담을 요청하러 갔다가 점거가 시작되었다.), 서울역에서 쇠사슬로 몸을 묶고 농성을 벌이기도 했다. 18미터 높이 철탑에서 고공 농성도 벌였다. 그런 투쟁을 벌이는 자신의 모습이 낯설기도 했다. 스스로 '전문직'이라고 여겨온 이들에게 현실은 너무나 당혹스러웠다.
 "집회를 갔다가 기륭전자 노동자들을 처음 봤어요. 그때 기륭전자가 이미 꽤 오래 투쟁하고 있었거든요. 그때 여자들이 머리가 한 움큼 빠져있는 걸 보고 우리 애들이 충격을 받았어요. 우리도 경찰에 저렇게 머리를 잡혔다가 뽑힐 수 있겠다는 생각이 든 거죠. '우리가 왜 저렇게까지 해야 해?' 그러면서 몇몇 애들이 휴가 갔다가 돌아오지 않았어요. 나중에 KTX 관광레저에서 모집할 때 그리로 복귀해버렸어요."

총 402명이 파업을 시작했다. 3년이 흐르면서 34명만이 남았다. 김영선 씨는 끝까지 남은 34명 중 한 사람이었다. 8명이 한 조가 되어 쓰던 방을 나중에는 혼자 쓰고 있더라고 했다. 방이 참 크게 느껴지더라는 김 씨의 말에서 당시의 외로움이 전해졌다.
KTX 여승무원들과 함께 노동부에 불법 파견 진정을 제출했던 권 변호사의 말을 들어보자.

"그때 철도노조 간부, 여승무원들하고 같이 자료를 수집하고 조사도 하고 또 노동부에서 며칠간 조사를 받았어요. 이건 근로자 파견으로 볼 수 없다는 게 저희 주장이었죠. 근로자 파견은 어느 정도 실체가 있어야 하거든요. 최소한 파견 업체가 그 근로자를 고용하고 관리 감독하는 주체가 되어야 합니다. KTX 여승무원들은 철도유통 소속이긴 한데, 그 업체는 여승무원들의 업무와 관련해서 하는 일이 아무것도 없었어요. 승무원 교육도 철도공사가 직접 했고, 열차 내 업무도 철도공사 승무팀장과 한 팀으로 일하면서 승무팀장의 지시를 받고요."
"파견 업체의 실체가 없었다는 거네요."

"그렇죠. 철도유통이란 회사는 단지 근로자를 직접고용 하는 부담을 덜기 위해 있으나 마나 한 회사를 중간에 끼워놓은 것에 불과하죠. 당시 언론에서도 KTX 여승무원 문제를 집중 보도하고 전문가들도 최소한 이건 불법 파견이라는 입장이 다수였어요. 노동부도 조사할 때만 해도 이건 철도공사가 심했다, 불법 파견이 맞다는 분위기였어요."

"그런데 어떻게 되었나요?"

"조사 결과를 발표하는데 보니까 완전히 뒤집어졌어요. 불법 파견이 아니다, 도 아니고 아예 합법 도급(하청)이라는 거예요. 그래서 소송에 들어갔고, 법원에서는 불법 파견보다 더 심한 위장 도급이라고 판결했어요.• 불법 파견은 파견해서는 안 되는 업종에 파견했다는 거고, 위장 도급은 아예 가짜 업체를 만들어 실제 존재하는 고용 관계를 숨겼다는 거예요. 그러니까 철도공사가 자회사를 세워 형식적 고용 관계만 옮겨 놓고 실제로는 모든 관리 감독을 직접 한 거죠. 이게 철도공사 직원이지 자회사 직원입니까. 그 자회사에 철도공사 간부가 이사로 있으면서 공사 맘대로 운영하는데."

"법원이 노동부 발표를 반박한 거로군요."

"법원에서 위장 도급으로 판결날 것을, 노동부가 공사 손을 노골적으로 들어준 거죠. 당시 철도공사 이철 사장과 이상수 노동부 장관 사이에 어떤 논의가 오간 게 아닌가, 언젠가 진상 조사가 필요한 부분입니다."

• 민사소송은 민주노총 법률원에서 재직하다가 현재는 법률사무소 '노동과 삶'에서 일하는 최성호 변호사가 주심으로 이끌어가고 있다.

2008년 KTX 여승무원들은 고공 농성을 마무리하면서 치열한 토론을 거쳤다. 그들은 거리 투쟁에서 법정 소송과 생활 투쟁으로 전환하기로 했다.

김영선 씨를 포함한 34명의 여승무원 해고자들은 1심과 2심에서 승소했다. 당시 1·2심 재판부는 "철도유통은 실질적으로 업무 수행의 독자성이나 사업 경영의 독립성을 갖추지 못한 채 철도공사의 일개 사업부서로서 기능하거나 노무 대행 기관의 역할을 수행했을 뿐"이라며 "여승무원과 철도유통 사이의 업무 위탁은 위장 도급에 해당되고, 철도공사와 여승무원 사이에는 묵시적 근로계약 관계가 성립한다."고 판결했다. 철도공사가 가짜 업체를 내세워 고용 책임을 회피했음을 인정한 것이다.

김영선 씨 재판이 있은 후 2차 소송단도 꾸려졌다. 2차 소송단 118명은 1심에서는 승소했으나 2012년 10월 2심에서 패소했다. 사실관계가 달라진 게 없는데도 법원은 코레일이 실질 사용주가 아니라고 판결했다. 최종 결론은 대법원에 넘어가 있다.

김영선 씨와 해고 승무원들은 재판 결과를 기다리면서 각자의 생업에 종사하고 있다. 김영선 씨도 웨딩플래너로 활동 중이다. 이들은 KTX에서 2년의 직장 생활과 3년의 파업, 4년의 법정 소송으로 청춘의 시절을 보냈다. 그들에게 지난 10년은 무엇을 남겼을까.

"사람을 남겼어요. 요즘도 다시 모이면 그때 우리가 그랬잖아, 하면서 얘기해요. 그 친구들 지금 각자 자기 일을 열심히 하고 있어요. 제가 웨딩플래너 4년차고, 다른 친구들도 회사에서 한창 일할 때고,

애기 낳은 친구도 있고. 어쨌든 복직 명령 내려오면 우리는 일단 전원 복직하자, 그다음에 사표를 쓰고 나오더라도. 그게 우리 합의 사항이에요."

이들은 처음엔 자신이 비정규직이라는 생각조차 해본 적 없었지만, 역설적으로 비정규직 문제가 우리 시대 모든 이들의 문제라는 점을 보여주었다.

하청 업체가 '저 좀 잘라주세요'?

기업이 노동자를 고용해 일을 시킬 때, 노동자에겐 성실히 업무에 임할 의무가 주어지고 고용주에게는 노동의 대가인 임금을 지급하는 한편 노동3권을 보장할 의무가 주어진다. 그러나 많은 고용주가 노동3권을 무력화하고 노사 관계를 일방적으로 주도하려고 한다. 그럴 때 많이 애용되는 방식이 도급화이다.

사업의 한 파트 또는 전부를 외주 업체에 도급(하청)을 주면, 그 부분에 대해서는 노사 관계의 책임이 외주 업체로 넘어가게 된다. 이것은 근로계약에 있어 이중 삼중의 착취 구조를 만들어낼 수 있으므로 법은 도급화에 여러 가지 규제를 가한다. 그런데 이 규제가 지나치게 엉성하고 실효성이 없어 위장 도급과 불법 파견은 계속 확대되어 왔다. 이러한 위장 도급 구조에서는 노동자들이 아무리 소속 하청 업체와 싸우고 권리를 주장해도 별 소용이 없다. 하청 업체는 원청 핑계를 대며 책임을 회피하고, 원청은 소속 업체에 가서 얘기하라며 역시 책임을 회피해버린다. 이러한 구조는 노동조합 결성이라는 기본적 권리마저 간단히 무력화한다.

 권 변호사는 그 대표적인 사건으로 현대중공업 사내 하청 업체의 집단 폐업 사건을 든다.

 현대중공업은 배를 만드는 회사다. 공정 부분별로 성원기업이니 창조기업이니 하는 하청 업체가 들어온다. 노동자들은 원청(현대중공업)의 감독하에 일하지만 형식적인 근로계약은 하청 업체와 맺는다. 월급도 하청 업체에서 받는다. 이 노동자들이 노조를 만들면, 이제는 과거의 악명처럼 현대중공업이 직접 나설 필요도 없다.* 하청 업체와 계약을 해지하면 끝이다. 그러면 조합원들은 한순간에 사라지고 노조는 와해된다. 어렵게 노조를 만들어도 하청 업체는 교섭에서 권한이 거의 없다. 시간당 시급을 포함한 일체의 복리 후생 제도는 모두 원청이 결정하고 하청 업체는 따를 뿐이다. 이러니 하청 업체는 인력 관리 회사에 불과하고, 노동조합의 단체교섭권이 사실상 부정된다.

 "현대중공업의 경우 위장 도급이나 불법 파견 문제가 고스란히 있는 상태에서, 거기에 고단수의 노조 탄압까지 겹쳤어요. 2003년 8월에 사내 하청 업체 노동조합이 세워져서 노조 설립 신고를 냅니다. 설

• 1988년 2월 파업 중이던 현대중공업 노동자들과 회사 관리직원, 경비대 1천여 명이 몸싸움을 벌이던 중 경비대원이 식칼을 휘둘러 세 명의 노동자가 치명상을 입은 이른바 '식칼 테러 사건'이 대표적이다. 또 1987년 9월에는 경비대와 관리직원들이 수배 중이던 노조 간부를 쫓기는 과정에서 앞을 가로막은 노동자를 차로 치고 5미터 이상 끌고 간 사건이 있었다. 피해자는 2년의 투병 끝에 숨을 거뒀다.(『한겨레21』, "무릎꿇은 미포만의 눈물이여", 2006년 2월 28일.)

립 신고를 할 때 노조 임원을 적어내게 되어 있어요. 그러면 어느 업체의 누가 노조 임원인지 드러나죠. 일부 조합원들도 알려지고요. 그런데 이들이 속한 하청 업체들이 그해 말까지 모두 폐업해버립니다."

"원청이 폐업을 강요한 건가요?"

"이게 황당한 것이, 하청 업체가 스스로 '우리 폐업하게 해주세요, 도급계약 해지해주세요.'라는 식으로 원청에 요구를 해요. 업체가 문을 닫으니까 거기 속한 노동자들이 자동으로 해고가 되죠. 그리고 조합원을 걸러내고 나머지를 새로 생긴 업체에 고용 승계합니다. 결과적으로 조합원만 해고시켜 버린 거죠."

하청 업체가 자발적으로 폐업을 바라다니?

"실제로는 원청이 개입한 거죠. 이건 부당 해고인 동시에 원청에 의한 부당노동행위입니다. 재판에서는 원청이 직접 근로계약은 안 했지만 노조법상 사용자의 지위는 인정된다고 판결이 났어요. 이 판결은 의미가 큽니다. 어떤 회사가 부당노동행위를 했다는 게 인정되려면 먼저 그 회사가 노조법상 사용자라는 게 인정되어야 해요. 그동안 원청이 하청 노동자들의 근로조건을 다 결정하는데도 사용자로서 책임은 회피해왔어요. 근로계약만 가지고 '봐라 저 사람들은 용역 회사 소속이다. 우리는 사용자가 아니다.' 하는 식이었거든요."

"이 재판으로 원청이 최소한 노조법상의 사용자로서 책임을 지게 됐군요."

"그렇지요. 그러니까 원청에게 교섭에 응하라고 할 수 있고, 원청 회사 사업장에서 노조 활동을 할 수 있게 되고, 원청이 노조 파괴에 개입하면 부당노동행위의 책임을 물을 수 있게 됐죠."

"다행이네요. 해고자 복직도 이뤄졌나요?"

"그런데 법원은 '부당노동행위는 맞다, 하지만 근로계약이 없으니 부당 해고는 아니다.'라는 내용으로 판결했어요. 노동자들 입장에서는 갈 길이 또 멀어지고……. 소송이 길어지면서 당사자들은 뿔뿔이 흩어졌고, 심지어 어떤 조합원은 정신과 치료를 받아야 했어요. 업체 폐업의 책임을 그 조합원에게 떠넘겨서, 사장부터 동료들까지 너 때문에 우리 업체가 망했다 이런 식으로 한 달간 탈의실에 대기시켜 놓고 스트레스를 줬죠."•

원청과 하청의 구조 속에서 노동자들의 단결권이 어떻게 침해되는지, 권 변호사는 사례를 하나 더 들었다.

"이전에 대우자동차 비정규직들이 노조를 만들어 공장 출근 시간에 유인물을 돌리고 있으니까, 원청 보안부서 사람들이 와서 마구 폭행하면서 '너희가 노조 만드는 건 좋은데 왜 우리 회사에 와서 그러냐, 너희 소속 업체에 가서 해라.'며 쫓아냈어요. 그 소속 업체 사무실이란 게 어디 부평 시내 상가 구석진 방에 경리직원 한 명 앉아 있는 곳이거든요."

• 당시 현대중공업 사내 하청 노동조합(현 현대주공업 비정규직지회) 발기인이었던 이운남 씨는 이후 노조를 지키는 투쟁 중에 구속되고 해고당했으며 공황장애를 얻었다. 택시 기사 등으로 생계를 이어가던 그는 2012년 12월 22일 아파트에서 투신하여 생을 마쳤다. 그는 유서에서 비정규직 노동자들의 요구가 전혀 해결되지 않는 현실을 비판했다.

웃음이 나왔지만 웃지도 못하겠다.

하청 노동자들이 파업하면 남의 집에 와서 시설을 점거하고 앉아 있는 꼴이 된다. 용역 경비를 투입해서 밖으로 내동댕이쳐도 법적으로 문제가 안 된다. 자기 공장을 불법 점거한 사람을 자력으로 구제한 셈이니까. 이러니 법에 노동자들의 노동3권이 있다고 해봐야 현실적으로는 전혀 보장되지 않는다. 현대중공업의 경우 하청 노동자가 정규직 노동자의 두 배이다. 그 말은 현대중공업 전체가 노동3권의 사각지대나 다름없다는 이야기다.

혹자는 이렇게 말한다. 왜 처음부터 더 열심히 노력해서 정규직으로 들어가지, 비정규직으로 입사해놓고 정규직화해달라고 생떼를 쓰느냐고.

이랜드-뉴코아, KTX, 현대중공업 사건을 보면 알 수 있듯이, 정규직이냐 비정규직이냐는 개인의 능력이나 준비 정도와는 거의 무관해지고 있다. 기업은 거의 모든 업종과 업무에서 정규직 일자리를 비정규직으로 교체하는 추세이다. 어제까지 정규직이 하던 일을 어느 순간 외주 업체로 돌리고, 상시적으로 하던 일을 언젠가부터 2년 단위로 끊어 재계약하도록 한다. 청소 노동자부터 IT 엔지니어까지, 생산직 노동자부터 정부 연구 기관 연구원까지 비정규직은 일반적인(많은 회사에서는 심지어 유일한) 고용 형태가 되었다. 이윤 증대가 목표인 기업은, 개인이 정규직이 되려고 얼마나 노력했든 어떤 능력을 갖췄든 그에 보상할 필요를 느끼지 않는다. 법이 이런 고용 형태를 합법이라고 보장해주었으므로.

비정규직 외에는 다른 선택지가 주어지지 않은 사람들에게 왜 노력해서 정규직이 되지 않았냐는 말은 공정하지 않다. 비정규직은 구조적으로 양산되고 있고, 개인의 노력으로 해결할 수준을 넘어섰다. 차별 규제 조항을 일부 덧붙이는 식으로도 해결되지 않는다. 국가가 비정규직 증가를 이제는 막겠다는 의지를 갖고 나서야 한다.

입법부는 비정규직 고용을 엄격하게 제한하는 법을 도입해야 한다. 노동 변호사들은 현행 비정규직 보호법(기간제법, 파견법 포함)은 비정규직을 도리어 늘리는 법이므로 폐지하거나 전면 재개정해야 한다고 입을 모은다. 그 방향은 비정규직 고용을 불가피한 사유 외에는 제한하고 파견 및 간접고용은 원칙적으로 금지하는 것이어야 한다. 또한 과태료 조금 물면 끝나는 사용자 처벌 조항을 대폭 강화하는 것이 포함되어야 한다. 사법부는 원청의 사용자성을 적극적으로 인정하여 원청이 비정규직 노조를 인정하게 만들어야 하고, 비정규직이 원청을 상대로 단결하고 교섭할 수 있도록 합법적인 길을 열어줘야 한다.

그럼 정부는 무엇을 해야 하는가? 무엇보다 사용자의 탈법과 불법부터 엄단해야 한다. 1부 2장에서 잠깐 언급한 사례가 있다. 몇 년에 걸친 재판 끝에 대법원이 불법 파견된 하청 노동자들을 정규직화하라고 명령했음에도 불구하고 들은 체도 않는 재벌 기업이 있다고. 바로 현대자동차다. 공공연하게 법질서를 무시하고 있다. 정부가 비정규직 문제 해결의 의지를 보이려면, 현대자동차 정몽구 회장부터 처벌하는 게 먼저일 것 같다.

6장
파업은 어떻게 범죄가 되는가

철도노조 파업 사건

 "노조의 불법 파업에 엄정 대처하겠다." 해마다 정부가 반복하는 이런 엄포를 들으면서 나는 늘 의문이었다. 불법 파업을 처벌하는 건 그렇다 치자. 그렇다면 반대로 합법적인 파업은 보호받고 있는 걸까? 불법 파업 현장에 경찰이 투입되었다는 이야기는 자주 들었지만, 합법 파업을 방해하는 사용자를 체포했다는 이야기는 들어본 적이 없다. 합법 파업이 없지는 않을 텐데, 왜 노동조합이 파업만 하면 불법으로 비난받고 처벌받는 것처럼 보이는 걸까? 우리나라 노동조합들이 유난히 과격해서 그런 걸까.
 권두섭 변호사는 우리나라에서 파업이 불법이 되지 않기란 아주 어렵다고 말한다. 그 이유는 우선 형법 314조 업무방해죄˙ 때문이다. 법원은 파업을 일단 업무방해죄에 해당하는 범죄라고 보고, 경

• 2009년 단체협약 개악 저지를 내걸었던 철도노조의 파업. 코레일은 96억 원의 손해배상을 청구, 169명을 해고했고 검찰은 노조 간부들을 기소했다. 손배 소송은 1심이 진행 중이며 부당 해고 건은 대법원에 상고, 형사 재판은 대법원 계류 중이다.

우에 따라서 범죄가 아닐 수도 있다고 해석한다. 그런데 그 범죄가 아닐 수 있는 경우가 매우 엄격하게 제한되어 있어 합법으로 인정받기가 매우 힘들다는 것이다. 노동3권은 헌법에 보장된 권리이고, 거기에는 파업권도 당연히 포함되어 있다고 생각한 나는 무척 놀랐다. 파업은 왜, 어떻게 범죄가 되는 것일까?

파업은 범죄다?

"파업이란 단지 노동자가 사용자를 위해 일을 안 하겠다는 거잖아요. 법원은 그게 업무방해죄에 해당된다고 봅니다. 사용자를 속이거나 신체를 힘으로 구속한 것이 아닌데도요."

권 변호사는 파업은 단지 노무 제공을 거부한 것뿐이라고 지적한다. 풀어 말하면 고용주가 시키는 일을 하지 않는 것이다. 조직 폭력배가 자릿세를 내라며 식당 문을 가로막고 손님이 드나들지 못하게 한다면 업무방해죄에 해당한다. 여기서 문제는, 업무방해죄를 노동자의 쟁의행위에도 적용할 수 있느냐이다. 앞서 살펴보았듯이 헌법은 노동자의 쟁의행위를 기본적 권리로 보장하고 있기 때문이다.

법원은 노동자가 단체로 노무를 제공하지 않거나 작업장을 벗어날 경우, 사용자의 업무를 방해한 것으로 간주한다. 이것만으로도 범죄의 구성 요건이 갖춰졌다고 본다. 단지 노동자들이 작업장에서 나와

• **업무방해죄** 타인의 업무를 방해하려는 목적으로 거짓말을 하거나 강제적인 힘을 사용하는 것.

'우리는 이런 조건으로 더 이상 일 못하겠다.'고 버티는 것만으로도 범죄가 될 수 있다는 이야기다.

그다음에 법원은 그 쟁의행위가 법적 정당성이 있는지 따진다. 만약 정당성을 충족한다면 위법하지 않은 것으로 인정한다. 그러므로 파업은 일차적으로 범죄행위이고, 정당성이 인정될 경우에만 범죄가 아닐 수도 있다. 법원의 이런 해석이 헌법과 충돌하지 않느냐는 나의 질문에 권 변호사는 말한다.

"헌법이 상위법이니까 업무방해죄가 헌법에 보장된 쟁의행위의 권리를 제약해선 안 되겠죠. 그런데 현행법상 업무방해죄를 위반하면 5년 이하의 징역 또는 1,500만 원 이하의 벌금을 물 수 있습니다. 상대적으로 무거운 형량이지요. 실제로는 헌법상의 권리를 가로막고 있는 셈이에요."

국제노동기구(ILO)에 따르면 노동자들의 파업을 형법상 업무방해죄로 처벌하는 국가는 한국이 거의 유일하다고 한다. 일본도 업무방해죄가 있긴 하지만 파업에 이를 적용하지는 않는다. 반면 한국은 업무방해죄를 전가의 보도처럼 휘두른다. '파업은 일단 나쁜 것'이라는 사법부의 인식이 강하게 작용하기 때문이다. 쟁의행위는 상대적 약자인 노동자가 사용자와 대등하게 협상할 수 있는 유일한 무기인데, '사용자의 업무를 방해했으면 일단 범죄다.'라고 규정해버린다.

그러나 업무방해죄가 있더라도, 법원이 쟁의행위를 폭넓게 인정해준다면 문제가 없을 수도 있겠다는 생각이 들었다. 가급적 파업의 정당성을 인정하는 쪽으로 판결하면 되지 않을까?

"그게 그렇게 잘 안돼요. 대법원 판례로 '쟁의행위가 정당하려면 주체, 목적, 절차, 수단, 방법이 모두 정당해야 한다.'고 하고 있습니다. 그런데 이 중에서 대개 뭐가 법적으로 문제가 되냐면, '목적'이에요."

"파업이 정당하려면 목적이 일단 정당해야 한다는 거군요."

"네. 그런데 법원이 말하는 정당한 목적의 범위가 무척 협애합니다. 법원은 임금과 노동조건의 개선만 쟁의행위의 정당한 목적으로 봅니다. 거기서 조금이라도 벗어나면 불법이 되는 거죠."

즉 노동조합은 올해 임금을 몇 퍼센트 올려달라, 휴가 일수를 늘려달라 등의 요구만 할 수 있다는 이야기다. 그런데 노동조건은 정부 정책이나 경영자의 판단에 따라 큰 변화를 겪는다. 예를 들어 공기업 민영화 정책은 공기업 노동자들을 하루아침에 실업자로 거리에 내몰 수도 있다. 그러나 법원은 이에 반대하는 파업은 정부 정책에 영향을 미치려는 것이므로, 혹은 기업의 고유한 경영권을 건드리는 것이므로 정당하지 않다고 판단한다.

업무방해죄를 적용하고 법원이 협애하게 파업 목적을 해석하면, 노동조합이 아무리 절차를 지키고 조심조심 파업을 하더라도 쉽게 불법이 된다. 정부와 기업 또한 마음만 먹으면 어떤 파업이든 불법 파업으로 몰고 갈 수 있게 된다. 권 변호사는 그 대표적인 사례도 2009년 철도노조(전국철도노동조합)의 파업을 든다.

철도노조가 파업에 들어간 이유

내 기억에, 철도노조는 파업만 했다 하면 국가 기간산업을 볼모로 한 불법 파업이라는 비난을 받았던 것 같다. 2009년에는 어땠을까? 당시 파업의 배경이 궁금했다. 권 변호사의 소개로 용산의 철도노조 사무실에서 백성곤 홍보팀장을 만났다.
　백 팀장의 말이다.

"그동안 철도노조는 파업만 했다 하면 불법이 되고 경찰에 끌려가고 했죠. 그래서 2009년에는 최대한 합법적으로 해보자고 했어요. 현행법의 모든 절차를 다 거쳤죠. 필수 유지 업무*는 제외하고 파업에 들어가니까 표는 별로 안 났어요. 하지만 합법적으로 진행한 파업이니까 부담이 적어 조합원 참여도는 높아졌죠. 처음에 참가 안 했던 사람들도 평화로워 보이니까 점점 모여들어서, 시간이 흐를수록 분위기가 더 좋았어요. 필수 유지 업무는 계속하고, 나머지 조합원들은 모여서 주로 교육하고 봉사활동도 가고 그랬지요."

출퇴근 열차 등이 필수 유지 업무로 지정되면서 파업의 알맹이는 발이 묶여버렸다. 철도노조는 필수 유지 업무 인원 약 1만 명을 제

---

* **필수 유지 업무** 철도 등 필수 공익 사업장으로 지정된 곳에서 파업을 할 때, 파업 중이더라도 정해진 인원이 계속 종사해야 하는 업무를 말한다. 과거 철도공사가 직권 중재 사업장으로 지정되어 파업 자체가 원천 봉쇄되었던 것에 비하면 진전된 셈이지만, 사실상 대부분의 업무가 포함된 데다 노동위원회가 지나치게 많은 인원을 규정하고 있어 파업권을 본질적으로 제약하는 것은 마찬가지라는 비판을 받고 있다.

외한 나머지 1만 5천 명의 조합원으로 파업을 시작했다. 그래서 KTX나 광역 전철은 모두 운행되었는데, 불법 파업의 빌미를 주지 않으려고 그랬던 것이다. 이렇게 파업의 중요한 부분을 포기했는데도 결국 철도노조의 파업은 불법 파업으로 규정되었다.

혹시 당시 노동조합이 'MB정부 퇴진' 같은 과격한 정치적 목표를 내걸었던 것은 아닐까? 앞에서 살펴본 것처럼 파업의 목적이 불법 여부를 판단하는 데 있어 중요한 요소이기 때문에 이런 의문이 들었다. 백 팀장에게 당시 왜 파업을 하게 되었는지 물었다.

"철도공사와의 단체교섭 때문이었죠. 회사 측이 너무 개악된 단체 협상안을 관철하려 했고, 우리는 그런 안은 받을 수 없으니 고치자고 한 거고요."

단체교섭 때문이라면, 법원도 쟁의행위의 합법적인 목적으로 인정하는 것이다. 그렇다면 대체 무엇 때문에?

철도노조가 파업에 이르게 된 배경을 살펴보자. 이명박 정부는 취임 초부터 소위 공공 부문 선진화 정책을 추진했는데, 그 내막을 들여다보면 공공 서비스를 시장화, 효율화하겠다는 것이었다. 특히 '효율화'는 공기업 노동자들의 인원 감축 및 노동조건의 후퇴와 직결되었다. 공기업 경영자들의 인사 평가는 정부가 지시한 감원을 달성하느냐 또는 노동조합과의 단체협약을 수정(노동조합 입장에서는 개악)하는 데 성공하느냐가 중요한 기준이었다.

철도공사도 비용 절감을 내세워 정원 5천여 명을 감축하겠다고 나

6장 • 파업은 어떻게 범죄가 되는가　175

섰다. 정원 감축은 정리해고를 의미하는 것은 아니었다. 자연적으로 감소하는 인원이 생겼을 때(정년퇴직 등) 신규 인원을 뽑지 않음으로써 전체 인원을 줄이겠다는 것이었다. 이는 1인당 업무량의 증가와 노동조건의 악화로 이어진다. 여기에 더해 철도공사는 노동조합에 단체협약의 대폭 개정을 요구해왔다. 회사 측이 내놓은 안에는 근무 제도와 승진 제도의 변경, 임금 동결, 명절 휴가비 축소, 임금 계산 방식의 변경, 유급 휴일 및 휴가의 축소, 노동조합 전임자 감원 등 이전의 단체협약에서 후퇴한 내용이 백여 개 이상 포함되어 있었다.

여기에 공사의 신임 사장으로 허준영 전 경찰청장이 임명되었다. 정부는 공기업 선진화를 말하면서 시위 진압 전문가를 보냈던 것이다. 신임 사장은 정원 감축안을 결국 관철시켰다. 한발 양보한 노동조합은 대신 다른 사안에 대한 교섭을 요구했다. 그런데 회사 측은 교섭에 충실히 임하지 않고 시간만 끌었다. 교섭은 본래 실무진이 대략 방향을 잡은 후 양측 대표가 만나 핵심 쟁점을 타결하는 순서로 진행된다. 그러나 허 사장은 교섭을 실무 단위에만 맡겨놓고 본교섭에 응하지 않았다. 노동조합의 불만이 커져갔다.

노동조합은 단체교섭을 위한 쟁의행위 찬반 투표를 마쳤다. 합법적인 절차 요건을 갖춘 것이다. 그래도 공사가 교섭에 적극적으로 나오지 않자 노동조합은 산발적인 투쟁에 이어 9월과 11월에 두 차례씩 경고 파업을 벌였다. 그제야 공사도 특별교섭팀에 전권을 위임하겠다는 입장을 보였다. 공사의 태도가 전향적으로 변한 것일까 했지만, 나중에 언론에 알려진 것에 의하면 이 시점에 공사는 내부적으로 세 가지 시나리오를 세우고 있었다.

[기사] 철도공사, 노조 파업 유도 의혹

민주노동당 이정희 의원이 입수한 2009년 10월 '전국 노경담당팀장회의 자료'에 따르면 철도공사는 임금·단체협약 교섭 전략에 대한 세 가지 시나리오를 예상했다. 문건은 '대내·외 유출 금지'로 분류됐으며, 인사노무실에서 작성됐다.

구체적으로 공사는 —임단협이 노동위원회의 조정과 교섭, 산발적인 투쟁이 지속되며 연말까지 이어지는 경우(예상 1) —조정·교섭 국면에서 파업 행위를 전개하는 경우(예상 2) —노조의 소극적 양보(예상 3) 등의 세 가지 시나리오를 예상했다.

문건은 "노조는 파업 찬반 투표 찬성률, 대외 노동 정세를 공사의 대응 수위에 따라 예상1과 예상2의 투쟁을 전개할 것으로 예상된다."며 **"공사는 예상1의 상황으로 전개되지 않도록 단체협약 해지로 압박할 필요가 있다."**고 적시했다.[1]

'세 가지 시나리오'가 무엇을 의미하는지 이해하기 힘들었다. 권 변호사가 말했다.

"어느 회사든 파업 대책을 세운다고 하면 당연히 노조가 전면 파업에 들어가는 것을 경계하고 대비책을 세우겠죠. 그런데 공사는 예상1의 상황을 제일 경계하고 있어요. 그러니까 노조가 전면 파업은 자제하면서 교섭과 투쟁을 병행하는 경우죠. 그러지 못하도록 '단체협약 해지'로 압박하겠다는 거죠. 이상하지 않나요?"

"그러니까 전면 파업을 하지 않을까봐 걱정하는 거네요?"

"맞아요. 노조가 파업에 들어갔을 때 회사 측이 너희 파업 풀지 않으면 단체협약 해지하겠다, 이렇게 위협하는 건 이해가 되죠. 그런데 파업에 들어가지 않고 교섭 중인 상태에서 단체협약 해지로 노조를 위협하는 건 노조 보고 어서 파업하라는 얘기잖아요."

단체협약은 노사 간에 가장 중요한 약속이다. 이를 해지한다는 것은 노사 관계의 파탄 선언이나 다름없다. 단체협약이 해지되면 노동조합 전임자는 죄다 현장에 복귀해야 하고 조합은 사실상 임의 단체가 된다. 수십 년간 노사가 만들어온 관계를 하루아침에 없애버리는 것이다.

파업 날짜가 임박해오며 막바지 교섭에서 양측은 최종 협상안을 건넸다. 노조는 상당히 양보한 안을 회사 측에 건넸는데, 그날 노조는 공사 측 교섭 실무 책임자로부터 문자 메시지를 한 통 받는다.

"아니 무슨 항복문서를 낼 줄 알았는데……. 이건 완전히 강도짓 하겠다는 뜻이네요./열받음/" 철도공사 측 교섭 실무 책임자가 보낸 문자 메시지. ⓒ민주노총 법률원

"이해가 안 되네요. 교섭 상대에게 이런 문자를 보내는 의도가 무엇일까요?"

"노사 관계를 평화적으로 풀어갈 의지가 없다는 뜻이겠죠. 노조가 완전히 항복하지 않는 이상 교섭할 의사가 없었던 겁니다. 회사 측의 이런 태도가 교섭 결렬의 원인이었음을 적나라하게 보여줍니다. 처음부터 공사가 파업을 유도하려는 저의를 갖고 있었던 것 아닌가 의심할 수밖에 없는 거죠."

합법 파업을 불법으로 만들다

철도노조는 2009년 11월 26일 새벽에 무기한 파업에 돌입하겠다고 선언했다. 하지만 과거에는 파업 직전까지 막판 협상이 거듭되다가 극적인 타결로 파업이 철회되곤 했다. 파업 돌입 시각을 예고하는 것도 회사 측이 교섭에 나서도록 압박하는 수단 중 하나였다.

파업 돌입 36시간 전인 11월 24일 오후 2시, 노사는 대전의 철도공사 본사에서 만났으나 교섭은 성과 없이 끝났다. 공사는 노동조합에게 '무기한 무쟁의 선언'을 요구했다. 백기 투항하라는 얘기였다. 노동조합은 이를 거부했지만, 아직 파업 돌입까지 시간이 있었기에 재교섭을 하자는 말을 남기고 일어섰다. 양측 실무자들이 재교섭 시간을 잡기로 했다. 그런데 노동조합 교섭단이 서울로 돌아오던 오후 7시, 서울의 철도노조 사무실로 팩스 한 통이 들어왔다.

'단체협약 해지 통보.'

단체협약을 일방적으로 파기한 다음 날 허 사장은 전격 기자회견을 열었다. 기자회견문 제목 역시 도발적이었다. "국민 여러분, 제발 철도노조 좀 말려주세요."

허 사장은 "고액 연봉을 받는 공기업 노조원들이 또다시 무리한 임금 인상을 요구하고 있다."며 이 기회에 노동조합의 버릇을 고쳐놓겠다고 했다. 그런데 이는 모순이었다. 철도공사는 전부터 노동조합이 불법 파업을 실행하려 한다고 비난했는데, 만약 노동조합의 요구가 임금 인상이라면 파업의 목적으로는 법적인 하자가 전혀 없기 때문이다. 노동자가 임금 인상을 요구하는 것은 여론의 비난을 받을 수 있을지는 몰라도 불법은 아니다.

공사는 사실상 노동조합과의 전면전을 선포했고 노동조합도 파업에 돌입했다. 그러나 앞서 살펴본 것처럼 노동조합은 필수 유지 업무를 파업에서 제외하는 등 불법의 시비를 최대한 피하려고 했다. 파업 직후 노동부, 검찰, 경찰, 국토해양부 등 관계 기관들이 대책 회의를 열었으나, 여기서도 철도노조 파업이 불법이라고 판정할 수는 없었다. 단체협약 갱신을 둘러싼 노사 갈등이 파업의 원인임은 분명했기 때문이다. 정운찬 국무총리는 "무리한 파업이 경제의 발목을 잡는다."는 식으로 에둘러 노동조합을 비난했다. 국토해양부 장관은 파업 공백을 메우기 위해 국방부에 군 인력 지원을 요청했지만, 국방부는 합법 파업에 군 인력을 투입하는 것은 불가능하다는 답변을 보내왔다.

그러나 사태는 이명박 대통령의 입이 열리는 순간 급변했다. 파업 돌입 이틀 후 이명박 대통령은 이렇게 말했다. "평생직장을 보장받는 공기업에서, 수십만, 백만, 2백만의 일자리를 얻지 못하는 젊은 이들이 있는데 이 국가적 위기에서 파업하고 있습니다. 저는 도저히 그것을 이해할 수도 없고 이해해서도 안 된다고 생각합니다."

대통령의 말이 떨어지자 관계 기관들의 태도도 싹 바뀌었다. 한동안 모호한 태도를 취한 것에 질책이라도 당할까봐 파업 때려잡기에 앞다투어 나서는 듯했다. 권 변호사의 말이다.

"용산경찰서가 11월 28, 29, 30일 사흘 연속해서 노조에 출석 요구서를 보냈어요. 그것도 주말을 포함해서. 그리고 30일에 노조가 불응했다며 체포 영장을 청구해요. 보통은 출석 요구서 한 번 보내고 일주일 정도 시간을 두거든요. 12월 1일에는 노조 사무실 압수 수색까지 들어오고. 검찰은 이미 29일부터 파업이 불법이라고 규정하고 있었어요. 정부 관계 부처 회의도 다시 열렸는데 이 회의 참석자 중에 이영호 당시 청와대 고용노사비서관이 있었습니다. 그리고 곧이어 각 부처 장관들이 철도노조 파업은 불법이라는 담화를 발표합니다."

청와대가 당시 철도노조 파업에 대한 관계 기관들의 대응에 개입하고 있었음을 시사하는 지점이다. (이영호 전 비서관은 2012년 4월 민간인 사찰 혐의로 구속되었다.) 12월 1일 철도공사는 노동조합에 "파업을 철회하고 다시 교섭하자."고 제안했다. 하지만 이명박 대통령이 그날 철도공사 파업 상황실을 방문해서 "공기업이 파업하는 나라가 어디 있나."라며 불호령을 내리자 다음 날 그 제안을 철회했다. 공사 관계자는 자체적인 교섭 재개가 어려우며 공사 외부의 윗선이 직접 상황을 관리하고 있다고 토로했다.

파업은 사용자를 압박하기 위해 노동조합이 내미는 카드다. 그러니 사용자가 교섭권을 잃어버린 상태라면 파업의 의미가 사라지는 셈이다. 노동조합 지도부는 더 이상 파업을 이어가는 것이 무의미하다고 판단하고 12월 3일에 파업을 철회했다. 파업은 아무런 성과도 얻지 못했다.

파업의 후폭풍은 컸다. 노동조합 위원장이 구속되었고 철도노조 파업 역사상 최대인 169명이 해고되었으며 1만 2천 명의 참가 조합원 전원이 직위 해제, 정직, 감봉, 견책 등의 징계를 받았다. 노조에 96억 원의 손해배상이 청구되었다. 심지어 신혼여행으로 파업에 불참한 조합원에게도 직위 해제 처분이 내려졌고 심장병으로 병원에 입원해 있는 간부도 해고되었다. 관리자들의 노동조합 탄압은 더 심해졌다.

의심스러울 때는 피고인에게 유리하게

민주노총 법률원은 법무법인 시민의 김선수, 강기탁 변호사, 법무법인 지향의 김진 변호사와 함께 철도노조 변호인단을 조직했다. 법률원에서는 권두섭, 우지연, 여연심 변호사가 참가했다. 검찰은 1만 3천 쪽의 증거자료를 내놓으며 이번 파업이 법이 규정한 목적에서 위법하다고 주장했다. 증거자료의 대부분은 노조 유인물, 회의 자료, 홈페이지 게시물 등이었다. 결국 핵심 쟁점은 파업의 목적이 무엇인가, 그리고 그 목적이 합법적인가 하는 것이었다.

검찰은 유인물의 구호나 회의 문서를 증거로 철도 노동조합의 파업이 정부 정책에 반대하는 목적을 가지고 있으므로 불법이라고 주장했다. 보통 노동조합이 쟁의에 들어갈 때는 투쟁 분위기를 높이기 위해 과격한 구호를 내걸기도 한다. 예컨대 "이번 파업은 MB 정권과의 진검 승부", "공기업 선진화 정책 분쇄! 민주 철도노조 사수!" 같은 것이다. 검찰은 또 '인력 충원 쟁취, 해고자 복직' 같은 문구는 사용자의 경영권에 반대하려는 목적을 가지고 있었음을 보여준다면서 불법성을 강조했다.

"변호인단이 주장한 것은, 설령 '공기업 선진화 반대' 같은 투쟁 구호가 있다 해도 그게 주된 목적이 아니란 것이었습니다. 파업의 핵심 원인은 공사가 단체협약을 개악하려 했기 때문이었어요. 또한 파업에 돌입한 직접적 계기 역시 공사가 단체협약을 일방적으로 해지했기 때문이었습니다."

"검찰이 증거로 제시한 것들이 쟁의행위의 주된 목적이 아니었다는 말씀이죠?"

"그렇죠. 유인물이나 회의 자료에는 원래 여러 요구 사항을 나열하는 법이고, 그게 모두 쟁의행위의 목적이라고 할 순 없어요. 그 구호나 요구들은 노조가 일상적으로 사용하는 것들입니다. 사법부가 눈여겨보아야 하는 파업의 목적이란, 그게 아니었다면 파업에 들어가지 않았을 바로 그 요구가 되어야 하는 겁니다."

만약 정부에서, 노조가 반발했던 공기업 선진화 정책을 철회했다면 파업이 일어나지 않았을까? 그렇다 해도 공사가 단체협약 개악을 고수하는 한 파업은 불가피했을 것이다. 그렇다면 공기업 선진화 정책 반대를 파업의 주된 목적으로 볼 수는 없는 것이다. 권 변호사는, 장기간의 단체교섭이 끝내 결렬되면서 파업이 일어났으므로 파업의 목적은 현행 판례에 따르더라도 노사 관계의 합법적인 범위에 속한다고 설명했다.

철도노조는 전국에 지부를 두고 있었기 때문에 재판도 전국 각 지역에서 열렸다. 대전지법에서는 변호인단의 주장을 받아들여 노동조합 집행부에게 무죄를 선고했다. 대전지법은 철도노조의 '파업 목적이 정당하다.'고 판결했다. 노조가 파업을 한 이유는 사용자의 성실 교섭을 촉구하고 노동조건을 개선하기 위한 것으로 볼 수 있다는 것이다.

대전지법 김동현 판사의 판결문 일부이다.

우리 헌법은 단체교섭권 및 단체행동권을 헌법적 권리로 격상시키고 있으며, 법체계상 근로조건의 유지, 개선을 위한 단체행동권이 일반적으로 허용되고 있는 점에 비추어 쟁의행위는 최대한 법적 보호를 받을 필요가 있다. (……) 그런데 명백한 법문의 근거도 없이 '고도의 경영상 결단'에 속하는 사항이라는 모호한 개념을 창설하여 쟁의행위를 처벌한다면 형사법상의 '명

• **명확성의 원칙** 죄형 법정주의에서 파생되는 원칙. 법률이 처벌하고자 하는 행위가 무엇이며, 그에 대한 형벌이 어떤 것인지를 누구나 예견할 수 있고, 그에 따라 자신의 행위를 결정할 수 있도록 범죄의 구성요건을 명확하게 규정하는 것.(대법원 2006. 5. 11. 선고 2006도920 판결.)

확성의 원칙'•을 해할 수 있고, '의심스러울 때는 피고인에게 유리하게'•라는 형사법 해석의 공리에도 반하게 된다.²

대전지법은 노동조합의 이런저런 요구들 가운데 특정 요구만을 뽑아 불법 파업이라고 규정한 검찰과 달리, 노조의 단체행동권을 인정하는 판결을 내렸다. 그러나 대전지법 이외의 지방법원은 모두 검찰의 주장을 그대로 받아들였다. 모든 법적인 절차를 지켜 시작한 파업이, 사건의 지엽적인 부분에 불과한 몇몇 요소로 인해 불법 파업이라는 딱지가 붙어버렸다.

"검찰은 노조에 유리한 자료는 아예 무시하거나 누락하고, 법원은 검찰이 제시한 증거만 보고 판결을 내렸어요. 결론을 미리 내려놓고 끼워 맞췄다는 생각이 들어요. 변호인단에게도 압수 수색권을 좀 줬으면 좋겠어요. 그러면 공사 측 자료를 압수해서 파업을 의도적으로 유도했다는 증거를 찾아낼 수 있었을 텐데."

권 변호사는 씁쓸하게 웃었다.

정부는 노동조합에 적대적인 인물을 철도공사 사장으로 내려 보내고, 사장은 교섭을 끌며 파업을 유도하고, 일단 파업이 시작되자 다시 정부 당국이 일사불란하게 움직여 불법으로 몰아갔다. 여기에는

• 의심스러울 때는 피고인에게 유리하게 in dubio pro reo 형사 소송에서 피고인을 유죄로 판단하려면 의심의 여지가 없을 정도로 명백한 증거가 있어야 하며, 그러지 못하는 한 피고인에게 유리하도록 무죄로 추정해야 한다는 원칙. 따라서 유죄 입증 책임은 검사에게 있다.

파업을 범죄화하고 불법화하기에 너무나 간단한 법체계와 법원에도 큰 책임이 있다.

파업 한번 하기 힘든 나라에서 노동자들의 권리는 그림의 떡이다. 국민들은 공기업의 불법 파업은 엄단해야 한다는 정부의 논리에 별 생각 없이 고개를 끄덕이지만, 국민도 결국에는 피해자이다. 노동조합의 파업이 불법화될 때 국민들에게 더 나은 공공 서비스를 제공해야 한다는 노동조합의 주장 역시 묻혀버리기 때문이다. "공기업 노조는 파업하면 어떻게 해도 욕먹습니다. 임금 올려달라고 파업하면 밥그릇 지키기라고 욕하고, 공공성 강화하자고 파업하면 불법 파업이라고 욕하고······."라는 백성곤 팀장의 말에 뼈가 느껴진다. 백 팀장의 말이다.

"공기업은 국민을 위한 곳인데, 철도 서비스를 발전시켜 국민에게 나은 서비스를 주겠다는 고민보다 정부에 잘 보여 출세할 생각뿐인 그런 사람이 사장으로 와서 노조를 탄압하니 파업을 할 수밖에 없죠. 검찰이 일단 불법으로 몰고 재판부에서 1~2년 재판하는 동안 노동조합은 깨집니다. 나중에 법원이 합법으로 판결을 해도 그동안 탄압한 회사나 검찰은 아무 책임도 안 지죠."

7장

정치 파업을 허용하라

언론노조 파업과 MBC노조 파업 사건•

철도 노동조합의 파업은 단체교섭 촉구와 같은 '순수한' 목적의 파업도 얼마든지 불법행위로 처벌될 수 있음을 보여준다. 우리 법체계가 그만큼 반노동적이라는 뜻이다. 그런데 좀 더 근본적인 질문을 던져보자. 왜 노동자는 그런 순수한 목적의 파업만 해야 하는 것일까? 왜 정부 정책이나 경영권에 해당하는 사안, 예컨대 민영화 중단, 사장 퇴진 등을 주장하며 파업을 해서는 안 되는 것일까. 그런 파업은 노동자의 본분에 어긋나기 때문일까? 불순한 정치적 의도가 있기 때문일까?

법원의 태도는 확고하다. 대법원 판례는 쟁의행위의 정당성을 엄격하게 따진다.

• 2009년과 2010년에 있었던 언론노조, MBC노조의 파업. 미디어법 개정안은 2009년 7월에 결국 통과되었고 MBC 김재철 사장 역시 자리를 지키다 2013년 3월 26일 해임안이 가결되었다. 김철은 업무방해죄 위반으로 노조를 기소해 노조는 1심과 2심에서 패소했고 대법원에 상고한 상태이다.

근로자의 쟁의행위가 형법상 정당 행위가 되기 위해서는, 첫째 그 주체가 단체교섭의 주체로 될 수 있는 자여야 하고, 둘째 그 목적이 근로조건의 향상을 위한 노사 간의 자치적 교섭을 조성하는 데 있어야 하며, 셋째 특별한 사정이 없는 한 조합원의 찬성 결정 및 노동쟁의 발생 신고 등 절차를 거쳐야 하는 한편, 넷째 그 수단과 방법이 사용자의 재산권과 조화를 이뤄야 함은 물론 폭력의 행사에 해당되지 아니하여야 한다.[1]

지나치게 엄격한 대법원 판례가 사실상 파업의 자유를 침해하고 있음은 6장에서 살펴본 바 있다. 그중에서도 목적이 중요한 기준이 되는데, 대법원 판례가 말하는 '근로조건 향상을 위한 노사 간 자치적 교섭'은 정부나 경영자에게 직접적인 압박을 가해야만 가능할 때가 있다. 이런 경우 노동자는 어떻게 해야 하는가? 이 문제는 근로조건의 범위를 어디까지로 볼 것인가라는 문제와도 연결된다.

정부 정책, 경영권에 반대하는 파업? 불법!

노동 변호사들과 법학자들은 정치 파업도 합법적 쟁의행위로 인정되어야 한다고 주장한다. 권 변호사의 말이다.

"정부 정책이나 입법 사항은 노동조건에 직접적인 영향을 주죠. 단적으로 비정규직 보호법이 비정규직 노동자들에게 영향을 주는 것처럼요. 이럴 경우 노동조건을 바꾸려는 쟁의행위는 정치적인 것이 될 수밖에 없죠. 그래서 학계에서도 정치 파업을 '순수한 정치 파업'과 '산업적 정치 파업'으로 나누는 학설이 있어요. 최소한 산업적 정치 파업과 같이 노동조건과 관련이 있는 입법을 쟁취하거나 저지하려는 파업은 목적의 정당성을 인정해야 한다는 겁니다. 그러나 우리 법원은 산업적 정치 파업조차 인정해주지 않고 있어요."

2009년 여름 언론노조(전국언론노동조합)가 '미디어법 개악 철회'를 내걸고 세 번째 총파업을 벌였다. 이명박 정부 들어 대표적인 정치 파업이었다. 그리고 2010년에는 MBC노조(전국문화방송노동조합)가 김재철 사장 퇴진을 요구하며 파업했다. 법원의 기준에서 이 두 파업은 애초에 합법적인 파업이 불가능했다. 언론노조는 정부 정책을 반대했고, MBC노조는 경영권의 핵심이라 할 수 있는 사장의 거취에 대해 쟁의를 벌였기 때문이다. 민주노총 법률원은 두 사건에서 외부 변호사들과 공동 변호인단을 구성해 대응했다. 두 사건은 시기적으로 가까웠고 MBC노조는 언론노조 파업에서 주축을 맡기도 했다. 그래서 변호인단은 MBC노조에 대한 변론에서 언론노조 사건도 함께 다뤄야 했다.

법원은 언론노조 파업이나 MBC노조의 파업이 사용자가 직접 결정할 수 없는 사안(정치적, 입법적 사안)이거나 경영권에 관련된 사안이므로 쟁의행위의 목적이 될 수 없다고 했다. 반면 변호인단은 언론 종사자들의 핵심 요구인 미디어법 반대나 사장 퇴진이 언론 노동자들의 노동조건에 직결되는 문제라고 주장했다. 언론 노동자들은 자신들의 요구가 '언론의 공공성과 독립성 수호'에 해당한다고 주장했는데, 언론 노동자들에게 언론 공공성이나 독립성보다 중요한 노동조건은 없다는 것이다. 이렇게 본다면 이들의 파업도 법원이 명시한 '근로조건의 개선'이라는 목적에 부합하게 된다.

"언론 종사자 입장에서 공정 방송 여건 같은 게 모두 노동조건에 포함되죠. 자기 양심에 따라 보도하느냐 아니면 정치적 압력이나 자본의 압력에 따라 왜곡 보도를 해야 하느냐, 이런 문제는 언론인에게는 매우 중요하니까요."

"하기야 아무리 임금이 높고 대우가 좋아도 '땡전뉴스' 같은 보도를 강요받는다면 마음이 편치 않겠죠."

"그렇죠. 공장에서 하는 노동만 생각하면 노동조건이 임금이나 노동시간 같은 것만 있는 것 같지만 그게 전부는 아니죠. 미디어법으로 대형 미디어 기업이 생기면 구조조정 위협을 받을 수도 있고 또 기업의 입맛에 맞는 보도를 강요당할 수도 있으니까요. 이런 건 노동조건의 중요한 변화잖아요. 이런 점은 사실 법원과 검찰도 인정하는 건데, 입법사항은 무조건 (파업하면) 안 된다는 입장이어서 논의가 진전이 안 돼요."

MBC노조의 파업에 대해서도 변호인단은 "사용자의 경영권이 무조건 우선시될 수 없다."고 주장했다. 공영방송의 사장이라면 외압으로부터 언론의 독립성을 지킬 의무가 있고, 이는 MBC 노사의 단체협약에도 명시되어 있다. 그런데 김재철 사장은 이른바 'MBC 내 좌파 청소부' 역할을 충실히 수행함으로써 언론 독립성을 뒤흔들었고, 이는 보도 자율성 침해로 이어졌다. 보도 자율성 침해는 언론 종사자들의 노동조건을 직접적으로 위협하는 행위이다. 변호인단은 김 사장의 행동을 경영의 고유 권한으로 볼 수 없다고 했다.

노동조건의 범위는 어디까지인가, 쟁의행위의 목적은 무엇인가라는 쟁점은 보다 사회적으로 해석되어야 한다는 것이다.

미디어법 반대 파업은 왜 일어났나

이명박 정부는 2008년 미디어법 개정안을 발의했다. 개정안의 골자는 대기업과 신문사가 공중파 방송, 종합편성채널(종편) 등의 지분을 이전보다 더 많이 취득할 수 있게 하는 것이었다. 시민사회는 법 개정으로 공영방송에서 대기업과 대형 신문사의 영향력이 커지는 것을 우려했다. 결과부터 말하자면, 이 법이 통과된 후 종합편성채널 사업자 공모가 진행되었고 조선일보, 중앙일보, 동아일보, 매일경제 등의 대형 신문사들이 사업권을 획득했다. 많은 사람들이 우려했던 대로였다. 이들 신문사는 2011년 12월 31일에 JTBC(중앙일보), MBN(매일경제), TV조선(조선일보), 채널A(동아일보)를 각각 출범했다.

정부는 미디어법 개정의 근거로 크게 세 가지를 제시했다. 첫째, 글로벌 미디어 기업 육성, 둘째, 여론 다양성 확대, 셋째, 일자리 창출 효과였다. 권 변호사는 당시 변호인단이 이 근거들을 어떻게 반박했는지 설명했다.

"당시 변호인단이 참고인으로 국민대 신문방송학과 이창현 교수를 모셨어요. 그분이 해외 미디어 기업의 실상을 밝히는 영상 자료를 법정에 가져오셨는데, 거기 보면 뉴스코퍼레이션(방송사, 영화사, 출판사 등으로 구성된 거대 미디어 기업)의 자회사 폭스뉴스에서 앵커들에게 매일매일 구체적인 보도 지침을 내리는 내용이 나옵니다. 예를 들어 2004년 미국 대선 당시, 민주당 후보 존 케리의 연설을 보도할 때는 '존 케리가 이라크 전쟁을 비판하는 대목은 뺄 것'이라는 지시가 내려오는 식이죠."

대형 미디어 기업이 탄생하면 기업주와 광고주의 영향력이 커지고, 그 결과 보도 자율성이 침해될지도 모른다는 생각에 언론인들은 심한 불안감을 느꼈다. 과거 언론인들은 독재 정권의 나팔수 노릇을 했던 뼈저린 기억이 있다. 이제 언론인들이 대기업의 나팔수, 삼성의 나팔수가 되지 않으리라는 법은 없지 않은가.

또 정부는 종편이 탄생하면 여론 다양성이 확대될 것이라고 말했지만, 종편에 뛰어들려고 채비 중이던 조선일보, 중앙일보, 동아일보 등이 이미 전체 신문 점유율의 70퍼센트를 차지하고 있었다. 이들이 방송에까지 진출하면 보수 언론의 여론 독과점 현상이 일어나리라는 예상이 설득력 있었다. 그리고 이명박 정부는 일자리가 2만 1000개나 늘어날 것이라고 제시했다. 그러나 실제 미국이나 일본에서는 거대 미디어 기업의 등장으로 방송사들이 통폐합되고 언론 노동자들의 고용 불안이 심화되었다. 이창현 교수는 발표 자료에서 미국의 여섯 개 언론 기업이 전체 언론의 90퍼센트를 장악하면서 1998년에서 2008년 사이 아나운서는 25퍼센트, 기자는 14퍼센트의 일자리가 줄어들었음을 보여주었다.[2]

언론노조는 2008년 12월과 2009년 2월에도 이미 파업을 벌인 적 있었다. 여당인 한나라당은 개정 법안을 국회에 상정하려다 반대에 밀려 철회하기를 몇 차례 반복했다. 그러나 결국 언론노조와 야당 및 시민사회 단체들의 반대를 무릅쓰고 한나라당은 2009년 7월 22일 단독 국회를 열어 미디어법 개정안을 날치기 통과시켰다. 이때 이를 막으려는 야당 의원, 언론노조 조합원과 한나라당 의원, 당직자, 국회 경비 사이에 난투가 벌어지면서 국회는 아수라장이 되었다. 심지어 재석 의원이 정족수에 미치지 않았는데도 표결을 강행했다가 야당 의원들이 "부결이다!"라고 외치니까 아무렇지도 않게 다시 표결을 하는 웃지 못할 일도 벌어졌다.

날치기는 여당이 했지만, 탄압은 언론노조가 받아야 했다. 검찰은 언론노조 파업을 불법으로 규정하고 지도부를 수배, 연행했다.

MBC노조 파업, 공정 보도를 위한 싸움

미디어법 반대 파업 이듬해인 2010년 봄에는 MBC노조가 파업에 들어갔다. 이 파업도 언론 노동자들의 노동조건과 언론 공공성 사이에 뗄 수 없는 관계가 있음을 보여준다.(2012년 초부터 6개월간 이어진 MBC노조의 최장기 파업도 근본적으로는 2010년 파업의 연장선상에 있었다.)

MBC의 사장은 회사의 주식 70퍼센트를 가지고 있는 방문진(방송문화신흥회)이 임면한다. 원래 방문진은 1987년 민주화 항쟁 이후 정권으로부터 MBC의 독립성을 지키는 완충장치로 만들어신 것이다. 하지만 이명박 정부는 이 방문진을 통해 MBC에 노골적으로 개입했다.

이명박 정부는 먼저 방송 정책 전반을 관할하는 방통위(방송통신위원회)를 만들고, 방통위에 방문진의 이사 선임권을 줬다. 그리고 방통위 위원장은 대통령이 정하도록 했다. 청와대에서 MBC로 이어지는 권력의 개입 구조가 만들어진 것이다. 과거에는 방문진이 MBC 사장을 임명하긴 해도 회사 운영이나 프로그램 제작에는 직접 관여하지 않았다. 하지만 2009년에 새롭게 구성된 방문진 이사진(이사장 김우룡)은 완전히 달랐다. 그들은 MBC 민영화를 노골적으로 주장했고 《100분 토론》, 《PD수첩》 등 권력 비판적인 시사 프로그램 통폐합을 요구했다. 방문진은 2008년 광우병 반대 촛불 집회가 《PD수첩》의 편파, 왜곡 보도 때문이라며 맹비난을 퍼부었다.

MBC에는 노사 단체협약에 따라 국장 책임제라는 제도가 있다. 보도 아이템 등을 상부의 압력 없이 각 국장들이 결정하는 시스템으로 외부의 압력을 견제하기 위한 안전장치이다. 그런데 방문진은 이를 무시하고 국장들을 총괄하는 보도본부장과 제작본부장에 노동조합이 반대하는 인물을 임명했다. MBC 조합원들은 큰 위기감을 느끼기 시작했다.

방문진의 개입에 항의하며 엄기영 사장이 사퇴하자, 방문진은 기다렸다는 듯 이명박 대통령과 친분이 돈독하다고 알려진 울산 MBC 김재철 사장을 본사 사장으로 임명했다. MBC노동조합은 김 사장 임명이 '정권의 공영방송 장악 시도'라고 비판하며 파업을 결의했다. 그러자 김재철 사장은 노조의 반발을 일단 무마하고자 했다. 당시 언론노조 MBC본부장이었던 이근행 PD(현 《뉴스타파》 PD)는 그 당시를 이렇게 회고한다.

"우리가 김재철 사장 출근 저지에 나섰더니 이분이 나는 낙하산이 아니다, 나를 믿어라, 아니면 한강에 돌 매달아 던져도 좋다고 하면서 황희만 보도본부장과 윤혁 제작본부장(방문진이 임명한 인사)을 경질하겠다고 했어요. 자기가 직접 제안한 거죠. 그래서 우리가 좋다, 그렇다면 일단 사장 임명은 승인하겠다, 당신이 공정 방송을 실현할지 확신할 수 없지만 그것은 차후 싸워나가겠다, 이렇게 돼서 잠시 휴전을 했죠."

노조도 일단 김재철 사장 임명을 수용하는 것으로 물러섰다. 그러나 그 직후 김우룡 방문진 이사장의 그 유명한 '조인트 발언'이 터졌다.

[인터뷰] 김재철 사장, '큰 집'에 불려가 조인트 맞고 깨진 뒤 좌파 정리했다
"이번 인사는 김재철 사장 (혼자 한) 인사가 아닙니다. 처음에는 김 사장이 좌파들한테 얼마나 휘둘렸는데. 큰집도 (김 사장을) 불러다가 조인트 까고 (김 사장이) 매도 맞고 해서……(만들어진 인사입니다)." "(내가) 청소부 역할을 해라 (하니까). 그러니까 김재철은 청소부 역할을 한 거야."[3]

김우룡 이사장은 이 인터뷰에서 "MBC 내의 '좌빨' 80퍼센트는 척결했다."고 말하면서 김재철 사장을 임명한 자신의 공로를 자랑했다. 이 인터뷰대로라면 공영방송 사장이 청와대에 불려가고, 정부 여당의 입맛에 맞게 회사를 운영했다는 것 아닌가? 이미 방송이 권력의 손아귀에 들어갔다는 말이나 다름없었다. 이는 동시에 언론 종사자들의 자존심에 큰 상처를 입히는 일이었다. 노조는 김 사장에게 해명을 요구했다. 방문진이 임명한 인사를 철회하겠다고 하지 않았느냐, 그 약속을 이행하라고 했다. 그러나 김 사장은 약속을 지키지 않았고 설상가상으로 황희만 보도본부장을 부사장으로 임명했다. 노조는 2010년 4월 5일 '김재철 사장 퇴진'을 요구하며 파업에 돌입했다.

공정한 보도 환경을 만들기 위한 파업이었다. '조인트 발언'이 알려진 뒤라 파업 지지 여론도 높았다. 그러나 김재철 사장은 꿈쩍도 하지 않았다. 그런 중에 6월 2일 지방선거가 다가오자 노조는 파업을 계속할 것인지 업무로 복귀할 것인지 고심했다. MBC 조합원 7백여 명은 나흘간 여의도 본사에서 파업 중단 여부를 놓고 총회를 열었다.

대개 파업을 종료할 때 열리는 총회는 집행부의 결정을 조합원들이 추인하는 자리다. 그러나 당시 총회에서는 파업을 멈출 수 없다는 조합원들의 강경한 발언이 곳곳에서 나왔다. 격론이 벌어졌다. 노동조합이 내건 요구 중 아무것도 성취하지 못했으니 그만둘 수 없다는 주장, 지도부를 믿고 현장에 돌아가 계속 싸우자는 주장이 팽팽 맞섰다. 결국 조합원 투표에 따라 39일간의 파업은 종료되었다. 이근행 PD는 당시를 이렇게 회고한다.

"조합원들이 난리가 났죠. 나흘간 총회에서 집행부의 결정을 비판했던 사람들이 3분의 1이었어요. 집행부는 '자진 사퇴하겠다, 계속 싸우는 것도 좋다, 하지만 우리는 백의종군하겠다.'고 했어요. 결국 투표를 했고 집행부를 지지하는 표가 압도적으로 많이 나왔어요. 하지만 3분의 1이 여전히 싸우겠다는 모습이 회사를 긴장시켰죠. 우리는 싸울 의지를 갖고 돌아가는 거다, 그런 의지를 보여준 점에서 총회가 기억에 남아요."

그러나 회사는 이근행 본부장과 《PD수첩》 피디를 해고했고 노조 간부들을 징계했다. 보복성 인사가 이어졌다. MBC는 시사 프로그램 피디들을 지방의 한류 로케이션 세트장으로 발령했다. 프로그램의 비판적 색깔은 점점 옅어져갔다. "MBC 직원들도 MBC 뉴스를 안 본다."는 말이 공공연하게 돌 정도였다.

파업의 정당성을 더 넓게 인정해야

앞서 언급했듯 변호인단은 두 파업이 언론인들의 노동조건과 직결된다고 주장했다. 언론 노동자들은 미디어법 개정과 김재철 사장의 운영 방식이 공정 보도 환경과 함께할 수 없다고 보았다. 이는 중요한 노동조건이 훼손됨을 의미했다. 따라서 정치 파업이라고 해서, 경영권에 반대하는 파업이라고 해서 쟁의행위를 불법화해서는 안 된다는 것이었다.

철도노조의 파업에서 업무방해죄가 파업을 범죄로 만드는 중요한 법적 근거라고 지적한 점을 기억할 것이다. 언론노조 파업에서도 마찬가지였다. 검찰은 집행부에게 업무방해죄를 적용했고 징역과 무거운 벌금형을 구형했다. 1심에서 법원은 업무방해죄상 유죄를 인정했다. 그런데 항소심을 기다리던 2011년 3월에 대법원에서 새로운 판례가 나왔다. 그동안 업무방해죄가 노동조합의 단체행동권을 제약하고 있다는 비판이 많았는데 이런 비판을 의식한 듯한 판례였다.

쟁의행위로서의 파업이 언제나 업무방해죄에 해당하는 것으로 볼 것은 아니고, 전후 사정과 경위 등에 비추어 사용자가 예측할 수 없는 시기에 전격적으로 이루어져 사용자의 사업 운영에 심대한 혼란 내지 막대한 손해를 초래하는 등으로 사용자의 자유의사가 제압·혼란될 수 있다고 평가할 경우에 비로소 그 집단적 노무 제공의 거부가 위력에 해당하여 업무방해죄가 성립한다.[4]

이 판결은 업무방해죄의 적용 요건을 좀 더 엄격히 규정함으로써 쟁의행위의 정당성의 범위를 넓힌 것처럼 보였다. 어느 정도는 진전된 해석 아닐까? 권 변호사에게 물어보았다.

"꽤 전향적인 판결 같은데요?"
"그렇긴 하죠. 하지만 노동자의 쟁의행위가 기본적으로는 업무방해죄의 구성요건이라는 시각에서 벗어난 건 아니고요. 이 판례가 나옴으로써 쟁점은 '파업이 사용자가 예측할 수 없는 시기에 일어났는가?', '사용자의 사업 운영에 심대한 혼란과 막대한 손해를 끼쳤는가?' 같은 것이 되었죠. 하지만 노동자가 쟁의에 들어가기 전부터 이런 점들을 일일이 고려해야 한다면 그 자체로 단체행동권을 심리적으로 위축시키는 효과가 있습니다."

즉, 사용자가 충분히 예측할 수 있는 시기에, 사용자에게 큰 혼란과 손해를 끼치지 않는 방식으로 파업을 해야 한다면 그런 파업이 과연 노동조합의 협상력이 될 수 있을까? 권 변호사는 "파업이 성공하여 사용자에게 압력이 클수록 불법이 되고, 파업 참가자도 거의 없고 영향력도 미미하여 실패했을 때는 합법으로 인정된다는 것은 참으로 아이러니"라고 지적한다. 대법원 판례는 업무방해죄로부터 파업권을 면책해준 것이 아니라 사용자의 업무 손실이 크지 않을 때만 파업을 허용한다는 식으로 조건을 단 것이었다. 사용자의 이익을 노동 기본권보다 상위에 둔다는 점에서는 이전의 해석과 크게 다르지 않았다.

　항소심은 대법원 판례를 고려하긴 했다. 하지만 결과에는 별 영향이 없었다. 미디어법 반대 파업과 MBC노조 파업이 예측할 수 없는 시기에 일어났고, 사용자에게 심대한 혼란과 막대한 피해를 입혔다는 것이다. 법원은 여전히 업무방해죄가 적용된다고 판결했다.

　변호인단은 대법원에 상고했다. 상고의 요지는 사용자는 파업을 충분히 예측하고 있었다는 것이다. 언론노조에서는 수십 차례의 선전물, 기자회견, 집회를 통해 "미디어 악법을 저지하기 위해 총파업에 들어가겠다."고 선언했고, 한나라당의 국회 직권 상정이 다가오자 일주일 전부터 총파업을 예고했다. MBC노조 파업 역시 두 달 전에 쟁의행위 찬반 투표를 거쳤으며 회사도 매일 노조의 동향을 파악하고 있었다. 이처럼 양측의 긴장이 높아지던 중에 노조가 반대해온 인사인 황희만 씨가 덜컥 부사장으로 임명되었는데, 이 일이 노조를 파업으로 떠밀게 되리라는 것을 회사가 몰랐다고 할 수는 없었다. 서로 노려보고 있던 중에 한쪽이 먼저 주먹을 날린다면, 상대도 반격을 하리라는 점은 충분히 예측 가능하다.

　변호인단은 파업으로 인해 심대한 혼란이나 막대한 피해가 발생하지도 않았다는 점도 밝혀냈다. 미디어법 반대 파업은 한 번에 이삼일 정도로 모두 세 차례 진행되었다. 조합원들은 낮에는 집회에 참석하고 밤에는 회사에 들어가 일을 했다. MBC노조는 천안함 침몰 사건이 일어나자 파업 중임에도 보도 인력 40여 명을 취재에 투입했다. 파업 현장에서는 위력을 높이기 위해 비조합원의 인력 투입을 물리적으로 저지하는 일이 있기 마련인데, MBC 파업은 시종일관 평화적으로 진행되었다. 파업 중인 조합원들도 필요하면 달려가 업무에 협조하곤 했다.

　MBC 측은 파업으로 약 51억 원의 금전적 손실을 입었다고 주장

MBC노동조합 파업 당시의 집회 모습. ⓒ『노동과 세계』

했다. 하지만 파업 동안 무노동 무임금으로 공제되는 금액과 프로그램 제작 연기로 지출되지 않은 제작비를 합치면 회사가 주장하는 금전적 손실을 상쇄하고 남았다. 회사는 파업으로 MBC의 이미지가 손상되었다며 이것도 경제적 손실로 포함했다. 하지만 파업 종료 후 MBC 예능 프로그램은 예전처럼 시청률 1위를 회복했고 MBC는 그해 9월 『시사IN』이 실시한 신뢰도 조사에서 언론 매체 신뢰도 1위를 차지했다. 파업으로 인한 이미지 손실을 주장할 근거는 없었다.

권 변호사는 묻는다. 회사가 금전적 손실을 보았다는 증거도 없지만, 만약 그렇다 하더라도 방송 일정상의 차질과 언론 공공성 중 어떤 법익이 더 중요하냐고. 다음은 변호인단의 상고 이유서* 한 대목이다.

> 파업은 단순히 노무를 거부하고 평화적 집회를 개최하는 방법으로 이루어졌습니다. 그리고 그 행위에 의하여 보호하려는 이익은 헌법적 중대성이 있는 언론의 자유와 방송의 독립성과 자율성, 정치권력과 같은 외부 간섭으로부터의 자유 등 중대한 헌법적 기본권입니다. 반면 그로 인해 침해되는 법익, 즉 재산상의 손실 등이 어느 정도인지 인정할 증거가 없으며 파업 종료 후 MBC 예능 프로그램이 예전처럼 시청률 1위를 기록한 점에 비춰볼 때 그 침해된 법익은 상대적으로 경미한 것이라 할 수 있습니다.

요컨대 법익 균형의 관점에서 볼 때도 언론 노동자들의 파업은 정당했다. 1, 2심 재판관들은 파업으로 사용자의 법익(즉 재산권)이 침해

• **상고 이유서** 상고심이 원심 판결을 파기해야 할 이유를 기재한 문서 자료. 상고 법원의 심리 자료가 되며, 심판의 범위를 한정하는 기능을 가진다.

되었는지에만 주목하여 파업의 정당성을 논했던 것이다. 사유재산권이 보호되어야 할 중요한 가치라 해도, 공영방송이 사장이나 이사들의 사유물은 아니지 않은가. 또 언론이 자본과 권력에 길들여지면 표현의 자유, 사회적 약자의 권리 같은 공공의 중요한 이익이 훼손될 수 있다. 변호인단은 사법부에 이런 점을 고려해달라고 호소했다.

인간이 사회적 존재라면, 노동자도 사회적인 존재이다. 어떤 노동조건은 작업장 수준을 넘어 사회적, 정치적 환경을 바꾸지 않고는 개선될 수 없다. 따라서 노동조건을 개선하는 파업의 허용 범위는 더 넓어져야 한다. 단지 정치 파업이어서 불법이라고 비난한다면, 결국 지금 주어진 노동조건을 그저 받아들이기만 하라는 이야기와 다르지 않다. 노동자가 파업을 할 권리가 있다면, 정치 파업을 할 권리도 있다.

끝으로 권 변호사는 판사들의 보수성에 대해서도 쓴소리를 덧붙였다.

"그분들은 대법원 판례에 반하는 것을 두려워해요. 튀는 판사로 찍힌다는 거죠. 어차피 대법원 올라가면 깨질 텐데 하고요. 그러니까 동일한 사안에 대해 대법원 판례가 있으면 판결문에 복사해서 붙이고 '이 사건의 경우에도' 하는 식으로 판결문을 써요. 보신주의가 심해요. 10년이 안된 단독 판사들은 가끔 소신 있는 판결을 하기도 합니다. 참신한 논리를 보여주죠. 하지만 나이 든 부장판사는 대체로 기존 판례를 따라갑니다."

8장
노동조합을 파괴하는 악법

KEC 파업과 타임오프 · 복수 노조 창구 단일화•

2010년 1월 1일, 여당인 한나라당이 노동법 개정안을 날치기 통과시켰다. 이날 개정된 내용은 노동조합법에 타임오프(time-off 근로시간 면제 제도)와 복수 노조 교섭창구 단일화 제도를 도입하는 것이었다.• 일견 복잡해 보이는 이 법안들은 국가가 노동조합 활동을 불필요하게 제한함으로써 결과적으로 노동 기본권을 광범위하게 잠식한다.

법 개정으로 노동조합 전임자에 대한 임금 지급이 원칙적으로 금지되었다. 대신 노동조합 업무를 수행하는 노동자는 회사의 동의하에 근로시간을 면제받도록 되었다. 그동안 노동조합의 유급 전임자를 몇 명으로 할지는 노사 간 자율적으로 결정해왔는데, 그 상한선을 법으로 다음과 같이 규정했다. 조합원이 50명 미만인 노조는 연

- 2010년 금속노조 KEC지회의 파업. 노동부와 검찰은 회사를 부당노동행위로 기소한 상태이며, 중앙노동위원회는 2012년 회사의 정리해고를 부당노동행위로 판결해 정리해고자들은 현재 복식되었다. 회사는 노조를 상대로 156억 원의 손해배상을 청구한 상태이다.
- 타임오프는 '노동조합 및 노동관계조정법' 제24조에, 복수 노조 교섭창구 단일화 제도는 제29조에 해당된다.

간 최대 1000시간, 100명 미만일 때는 2000시간, 200명 미만일 때 3000시간까지만 근로시간을 면제(즉 노동조합 활동을 유급으로 인정)받을 수 있다. 그리고 회사 측에서 타임오프의 한도를 초과해 근로시간을 면제해도 불법이며 처벌 대상이 된다. 나아가 법은 노동조합이 노조 전임자의 확충, 즉 타임오프 시간 연장 등의 목적으로 쟁의행위를 해서는 안 된다고 못 박았다.

창구 단일화(복수 노조 교섭창구 단일화)는 사업장에 복수의 노조를 허용하고, 대신 회사와의 단체교섭은 하나의 노조만 가능하도록 규정한 제도이다. 회사는 여러 노조 가운데 교섭 대표 노조 하나와 교섭하면 된다. 이때 전체 조합원의 과반수를 포괄한 노조가 교섭 대표 노조가 된다. 만약 사업장에 과반수 노조가 없을 때에는 전체 조합원의 10분의 1 이상이 속한 노조들이 공동으로 교섭 대표단을 구성하게 되어 있다.

KEC는 경상북도 구미에 있는 반도체 부품 제조 회사인데, KEC의 민주 노조인 KEC지회(민주노총 금속노조 구미지부 산하 KEC지회)는 날치기 통과된 노동법 개정안의 직격탄을 맞은 첫 노동조합이었다. 2010년 7월 1일 시행된 타임오프는 KEC 노사 갈등의 빌미를 제공했고, 2011년 7월 1일 시행된 창구 단일화 제도는 KEC 민주 노조를 무력화하는 근거가 됐다.

날치기로 도입된 타임오프와 창구 단일화 제도

[기사] 한나라, 새해 첫날 '노동법 날치기' 개악

"13년이 지난 지금, 저는 역사가 13년 전으로 후퇴한 것을 확인하고 있다. 13년 전 새벽 6시의 상황과 오늘 이 새벽의 상황이 뭐가 다른가. 수많은 죽음으로 지켜온 노동 기본권이 말살되는 현장에서 저는 이루 말할 수 없는 참담함을 느끼고 있다."

민주노총 위원장을 지낸 권영길 민주노동당 의원은 1일 국회 본회의 노동법 반대 토론에서 추미애 환경노동위원장과 차명진 한나라당 의원이 주도한 노동법 개정안 처리에 반대하는 토론자로 나섰다. (……) 권영길 의원의 절절한 호소에도 노동법 개정안은 한나라당 주도로 통과됐다. 2009년 12월 31일 불법 논란 속에 새해 예산안과 부수 법안을 직권 상정을 통해 강행 처리한 데 이어 노동법 개정안도 강행 처리됐다. 야당은 즉각 '날치기' 처리라고 반발했다.[1]

권영길 의원은 민주노총 위원장 시절인 1996년 12월, 신한국당(한나라당으로 당명을 개정했고 이어 새누리당으로 다시 개정)이 노동법 개정안을 날치기 통과시켰을 때 민주노총 총파업을 이끌었다. 그런 그가 13년이 지나서 같은 상황을 지켜보게 되었다. 하지만 안타깝게도 민주노총은 과거처럼 총파업에 들어갈 수 있는 처지가 아니었다. 권 의원은 타임오프와 복수 노조 창구 단일화 제도가 도입되면 "헌법에 보장된 노동3권이 휴지조각이 될 것"이라고 애타게 호소했지만 힘으로 몰아붙이는 정부와 여당을 막을 수 없었다.

여기서 잠시 타임오프가 도입되기 전에는 노동조합 유급 전임자의 운영 방식이 어땠는지 살펴보자. 노동조합은 법률로 보장된 노동자들의 단결 조직이다. 그런데 노동조합의 활동을 잘 알지 못하는 시민들은 "노동조합의 필요성은 인정한다."고 하면서도 노동조합의 업무만 담당하는 상근 전임자가 왜 있어야 하는지는 이해하지 못하는 경우가 많다.

동료 노동자들이 일하고 있을 시간에 노조 업무만 처리하면서 급여를 받는 건 잘못이라고 생각하는 것이다. 하지만 노동조합이 안정적으로 운영되려면 조합원들의 고충을 듣고 그들을 대신해 회사 측과 협의하는 등 업무를 전담할 사람이 필요하다. 즉 전임자가 없다면 노동조합은 빛 좋은 개살구에 불과한 것이다. 그리고 노동조합의 존재가 노동자의 기본적인 권리라는 사실은 회사 측에 노동조합이 원활히 운영되도록 협조할 의무가 있음을 의미한다. 노동조합 활동을 보장한다는 말은 회사가 일정한 수의 유급 전임자의 고용을 보장하는 것까지 포함한다.

타임오프는 노동조합 유급 전임자 수를 노사 자율적으로 합의해 오던 관행에 국가가 제동을 건 것이었다. 노동조합 규모에 따른 최대 전임자 숫자까지 일일이 규정하면서 말이다. KEC 사건을 맡았던 금속노조 법률원 김태욱 변호사는 "이 사건은 노사가 자율적으로 해결할 수 있는 문제에 국가가 불필요하게 개입해서 도리어 문제를 악화시킨 사건"이라고 말한다. 그리고 타임오프의 문제점을 이렇게 짚었다.

"타임오프를 초과하는 인원은 무급으로 해라, 사용자는 타임오프 이상으로 보장해서는 안 된다, 이런 거죠. 그러나 국제적으로도 이런 사안은 노사 자율로 결정하지 법으로 한도를 정하는 경우는 없어요. 국제노동기구도 한국 정부에게 노동조합 전임자 문제는 노사 자율 사안이지 입법 사안은 아니라고 권고했습니다. KEC 사업장에서도 그전까지 노조 전임자 숫자가 노사 간에 문제된 적은 없었어요. 그냥 단체협약으로 정해왔고 회사도 인정했죠. 그런데 타임오프 제도가 생겨서 노동부가 행정지도를 집행하고 법 시행을 강제하니까 오히려 갈등이 생긴 거죠."

국제노동기구는 지난 2002년 '결사의 자유 위원회' 보고서를 통해 "노조 전임자 임금 지급은 법적 관여 대상이 아니다."라며 임금 지급을 금지하려는 "관련 규정을 폐기할 것"을 권고했고, 같은 내용을 2003년에도 거듭 권고한 바 있다. 세계 어디에도 법률로 노조 전임자의 임금 지급을 금지하거나 숫자를 일일이 지정하는 사례는 없다. 노사 자율의 원칙에 위배되기 때문이다. 김 변호사는 국제 기준에 비춰도 한국 정부의 노조 활동에 대한 간섭은 지나치다고 말한다.

복수 노조를 허용해달라는 요구는 그동안 민주노총 등 노동계에서 꾸준히 제기해온 것이다. 한 사업장에 하나의 노조만 허용될 경우 그 사업장에 이미 회사 노조가 존재한다면 민주 노조를 세울 수 없기 때문이다. 그렇다면 복수 노조 교섭창구 단일화 제도는 무엇이 문제일까? 김 변호사는 전체의 과반수가 소속된 노조만 전권을 가지고 나머지 노조는 2년의 단체협약 유효 기간 동안 교섭권이 실질적으로 사라지는 점이 문제라고 지적한다.

"복수 노조를 허용하더라도 사용자와 각 노조가 자율적으로 교섭하면 되는데 굳이 교섭 대표 노조를 만들어 거기에만 교섭권을 줄 필요가 없습니다. 법 개정 전에는 사업장의 노조 규모가 아무리 작더라도 일단 설립되고 나면 사용자는 교섭에 응할 법적 의무가 있었어요. 그러나 창구 단일화가 되어버리면 소수 노조는 교섭 테이블에 앉는 일 자체가 불가능해집니다."

"이전에도 노조의 힘이 약하면 회사가 교섭에 불성실하게 임하곤 했었는데, 상황이 더 악화되는 건가요?"

"물론 이전에도 노조의 규모에 따라 교섭력이 비례하는 '양의 문제'가 존재했죠. 하지만 창구 단일화가 되는 순간 양의 문제는 '질의 문제'가 되어버립니다. 그전에는 어쨌든 노조의 교섭 요구에 법적 정당성이 있었거든요. 그런데 창구 단일화 제도와 함께 사용자는 입맛에 맞는 노조를 과반수로 만들고자 하는 유인을 갖게 돼요. 회사 노조를 원하게 되는 거죠."

"사용자 측의 주장을 보면, 복수 노조가 허용됨에 따라 회사 내에 노동조합이 난립할 수 있고 그들 모두와 교섭하려면 교섭 비용이 너무 증가한다고 합니다. 회사의 경쟁력이 떨어진다는 거죠."

"사용자는 단체교섭에 응할 의무가 있는 주체입니다. 의무를 가진 쪽이 비용을 부담하는 게 원칙입니다. 그런데 사용자가 교섭 비용이 늘어난다며 노조 보고 "하나로 만들어 와라." 하는 건 자신들의 법적 의무를 노조에 떠넘기는 것입니다. 창구 단일화는 노동조합끼리 경쟁을 붙여 노조의 교섭력이 떨어지게 만들고, 그 결과 노동조건도 전반적으로 하향 평준화되기 쉽습니다. 사용자 입장에서는 임금 적게 받고 일 열심히 하겠다는 노조와 단체협약을 체결하려고 할 테니까요."

 예를 들어 내가 여러 지인에게 돈을 빌렸다고 가정하자. 돈을 갚을 때가 되었다. 그런데 내가 일일이 찾아가 갚기 귀찮으니 채권자들에게 "당신들이 대표를 뽑아오면 갚을 돈을 다 합쳐서 그 사람에게 주겠다. 각자 빌려준 만큼 거기서 되찾아가라."고 말해도 될까? 턱도 없는 소리라고 할 것이다. 노사 관계에서도 마찬가지다. 법적 의무가 있는 쪽에서 의무 이행에 따르는 비용을 감수해야 한다는 것이다.
 김 변호사는 현재 산별 노조가 합법적으로 인정되고 있으므로, 원칙대로라면 정부가 나서서 각각의 사용자들이 교섭 창구를 단일화하도록 강제하고 산업별 사용자 대표 기구가 산별 노조와 교섭하도록 하는 방식이 옳다고 주장한다. 산별 노조는 사용자들을 향해 "당신들이 단일화해라, 그다음 우리랑 일대일로 교섭하자."라고 요구할 권리가 있다. 독일의 경우 법으로 사용자들의 단일화를 의무화한다. 그러나 현재 우리 사회에는 그런 강제가 없어서, 산별 노조가 중앙 교섭을 실시해도 사용자들은 나 몰라라 하고 별로 참여하지 않는다. 그래서 산별 교섭의 결과가 별다른 영향력을 가지지 못한다. 이처럼 사용자의 의무는 법제화하지 않고 오로지 노조의 힘에 맡겨 두면서, 사용자 편의를 위해서는 교섭 비용을 노조에게 떠넘기고 이를 법으로 강제한다면 부당하다는 이야기다.

KEC의 계획된 노조 무력화

2010년 당시 KEC지회의 유급 전임자는 일곱 명이었다. 2010년 7월 1일부터 타임오프가 시행되면 전임자 숫자가 줄어들 예정이었다. 민주노총 금속노조는 타임오프를 민주 노조를 위축시키려는 시도로 규정하고 산하 노동조합에 유급 전임자의 숫자를 현행대로 유지하는 것을 목표로 제시했다. KEC지회도 금속노조의 방침에 따라 2010년 3월 회사와 특별 단체교섭을 진행했다. 이전 단체협약에 "전임자 임금 지급 금지와 복수 노조 허용에 대한 노동법이 개정될 경우 노사는 즉시 특별 단체교섭을 진행한다."라고 명기했기 때문에 이는 합당한 제안이었다. 하지만 회사는 법이 개정되었으므로 유급 전임자 수의 현행 유지는 불가능하다며 노조의 요구를 받아들이지 않았다.

금속노조는, 지회별로 특별 단체교섭이 원만히 진행되지 않자 타임오프를 중앙 교섭에서 다루기로 결정했다. 하지만 중앙 교섭 역시 쉽지 않았다. 금속노조는 다시 지회별로 특별 단체교섭을 진행하라고 방침을 내렸다. 2010년 5월 KEC지회는 통상적인 임금 및 단체교섭과 특별 단체교섭을 같이 진행하자고 회사에 요구했지만, 회사는 둘을 분리해야 한다는 입장을 고수했다. 회사는 타임오프는 분리해서 논의하자면서 실제로는 임금에 대한 단체교섭도 거부했다.

임금 단체협약 유효기간이 끝나가는데도 새로운 협약 체결을 위한 교섭이 지지부진하자 KEC지회는 금속노조 구미지부의 지도로 파업을 준비했다. 그리고 5월 27일 조합원 투표를 거쳐 파업을 결의했다. KEC지회는 몇 차례 경고 파업을 실시하고 6월 21일부터 전면 파업에 돌입했다. 그러자 회사는 6월 30일에 직장폐쇄를 감행했고 용역 경비 직원들을 노동조합의 농성 천막과 사내 기숙사로 투입해서 조합원들을 쫓아냈다. 전자 산업의 특성상 KEC 조합원의 대다수는 여성이었는데, 이 과정에서 기숙사의 여성 노동자들이 성추행을 당하기도 했다.

[기사] 새벽에 여성 노동자들 강제로 끌어내

KEC노조 파업 중 성추행 논란 일어

지난 6월 30일 새벽 경북 구미 KEC 공장 기숙사에 사측이 고용한 용역 업체 직원이 기숙사를 막고 노동자의 움직임을 가로막으면서 사건은 발생했다. KEC지회 한 관계자는 "새벽 1시 30분쯤 연락을 받고 노조 사무실에 도착했더니 이미 상근하던 20여 명의 조합원이 사무실에서 쫓겨난 상황이었다."고 전했다. 이어 "거의 동시에 기숙사생들의 '기숙사 정문으로 용역 직원이 겹겹이 서 있는데 어떻게 해야 할지 모르겠다.'는 전화가 왔다."고 상황을 설명했다.

이 관계자는 "당황해 1층 로비로 내려왔던 한 여성이 용역 직원에 의해 사지가 들려 밖으로 끌려 나왔는데 이때 남성 용역 직원이 여성 뒤에서 가슴을 잡고 옮긴 것"이라며 "당사자가 손대지 말라고 소리쳤음에도 불구하고 용역 직원은 아랑곳하지 않았다."고 전했다. 이어 "임신한 사실을 알렸음에도 불구하고 폭력적으로 끌려나온 여성도 있다."고 말했다.[2]

그러나 노조는 7월 1일 이후에는 법적 논란을 피하고자 노조 전임자 문제를 더 이상 밀어붙이지 않기로 판단하고 특별 단체교섭 요구를 사실상 접었다. 그리고 기존의 임금 단체교섭에 성실히 임해줄 것을 요구했으나 회사는 이마저도 거부했다. 회사는 노조 사무실, 기숙사, 화장실까지 폐쇄해버렸다. 김태욱 변호사는 "이는 명백한 부당노동행위입니다. 직장폐쇄 기간이라고 하여 노조 사무실과 주거 공간인 기숙사 출입까지 금하는 것은 노조법 위반이며 형사처분의 대상"이라고 비판한다.

나아가 회사는 용역 경비 직원들을 시켜 조합원들의 일거수일투족을 촬영했고 여성 조합원들에게 욕설을 퍼붓고 위협을 가했다. 회사는 생계 때문에 파업에서 빠져나와 업무에 복귀한 조합원들에게 '조합비 징수 거부 서명서'에 날인하라고 강요했고 그 서명을 근거로 조합비를 노동조합에 넘겨주지 않았다. 그런데 이와 같은 부당노동행위는 몇몇 관리자 차원이 아니라 회사 전체 차원에서 이뤄졌다. 김 변호사가 법원에 제출한 증거자료에 의하면, 2010년 7월 KEC 기획부에서 작성한 문서에는 다음과 같이 구체적으로 노조 무력화 전략을 세워놓았다.

'(노조의) 자금줄 봉쇄, (집행부) 개인 비리 조사, (금속노조 친화적인) A등급 사원 축출, 협박(징계위원회 출석 통보), (전산망 핑계로) 월급 지급일 고의 지연, 부모 남편에게까지 연락.'

회사가 이렇게 나오자 조합원들의 감정은 점점 더 격해졌고, 급기야 노조는 2010년 10월 21일부터 공장 점거에 들어갔다. 점거는 회사를 교섭에 끌어내기 위한 극단의 대책이었으나, 점거 과정에서 일부 조합원들과 관리자 및 용역 경비 직원 들이 충돌했다. 노조 집행부에는 체포 영장이 떨어졌고, 10월 30일 어렵게 마련된 회사와 노조의 교섭 자리에서 경찰은 약속과 달리 교섭 대표인 금속노조 김준일 구미지부장을 체포하려 들었다. 김 지부장은 체포에 직면하자 다급한 나머지 분신을 시도했다. 이에 흥분한 몇몇 조합원들이 반도체 부품과 장비 일부를 부수면서 사건이 더 커졌다.

김 지부장의 분신 이후 정치권과 노동부의 중재로 노조는 공장 점거를 해제했다. 그 뒤로도 파업은 계속되었지만 교섭은 거북이걸음 수준이었다. 노동조합은 파업을 중단하면 회사가 적극적으로 교섭에 나설 것으로 기대하며 2011년 5월에 파업을 멈췄다. 1년이나 끌어온 파업은 이렇다 할 성과 없이 마무리되었다.

파업 이전까지만 해도 회사와 노조의 관계는 그다지 나쁘지 않았다고 한다. 그런데 어떻게 해서 회사가 비타협적인 태도를 취하고, 노조의 장기간 파업에도 아랑곳하지 않게 된 것일까? 그것은 파업 종료 후 시행된 복수 노조 창구 단일화 제도와 관련이 있다.

김태욱 변호사가 법정에 제출한 녹취 자료에는 KEC 강 모 제조부장이 파업에 참가한 조합원들에게 희망퇴직을 강요하며 이렇게 말하는 내용이 있다.

"7월 1일 날 복수 노조 되면 이렇게 돼 있어. (……) 조합은 두 개 만들든 세 개 만들든 30개를 만들는 만들어노 상관없는데 회사는 무조건 과빈, 거기에서 가장 많은 숫자 (……) 걔들하고 해가지고 하면 끝이야. 카면 너거들이 198명에 내 예상은 한 백 명 정도 남을 거다. 나머지는 퇴사할 거다. (……) 이번 거는 부사장 결재로 한 거는 아니고 회장님 결재 (사안이다). (……) 탑(Top)에서 결정돼 내려오는 거기 때문에 그거는 아마 변동 사항은 (없을 거다)."

이 발언은 섬뜩함마저 느끼게 한다. 회사는 복수 노조 창구 단일화를 염두에 두고 앞선 모든 일을 벌였던 것이다. 타임오프로 불거진 쟁의행위를 이용해 기존 노조를 와해시키고, 창구 단일화 제도를 이용하여 회사에 협조하는 노조를 세울 계획이었던 것이다. 계획을 밀어붙이기 위해 회사는 파업 기간 내내 수차례 부당노동행위를 반복했고, 실제로 노동법 개정 이후 전국에서 가장 빨리 회사 노조가 설립되었다.

권영길 의원이 두 제도의 도입으로 "노동3권이 휴지조각이 될 것"이라고 우려했던 일이 사실이 되고 만 것이다. KEC 측의 이런 행동은 대구지방고용노동청 국정감사에서 주요 감사 사항으로 도마 위에 올라왔고 언론에서도 비중 있게 다뤄졌다.

[사설] 노조 말살 1위 사업장이 된 복수 노조 1호 사업장

사측이 작성한 '인력 구조조정 로드맵'과 '노사 협력과 주간 업무' 등의 문건을 살펴보면 노조를 뿌리 뽑기 위해 사측이 얼마나 집요하게 노조 파괴 공작을 저질러 왔는지 잘 나타나 있다. 사측은 "친기업 성향의 노조 설립"이라는 목표를 달성하기 위해 파업 참가 노조원을 전원 해고하며, 노조원 해고가 부당노동행위에 해당될 것에 대비해 "아웃소싱으로 인원 정리"하는 방안

과 노조원을 징계 해고하는 방안을 마련하는 등 치밀한 계획을 수립했다.[3]

회사의 부당노동행위가 얼마나 심했던지 노동부와 검찰이 회사를 압수 수색하기까지 했다. KEC는 노조법 위반, 부당노동행위, 근로기준법 및 최저임금법 위반 등 갖가지 혐의로 기소되었다. 노조의 쟁의행위 이후 사용자가 구속 수사 직전까지 갔던 경우는 KEC 사건을 빼면 거의 없다. KEC의 노조 파괴 행위가 도를 넘어도 한참 넘었다는 뜻이다.

하지만 회사의 부당노동행위에 대해서는 노조 측에서 온갖 증거자료를 갖춰 고발해야 겨우 수사가 이뤄지는 반면, 노동조합의 불법행위는 회사 측의 고발만으로도 바로 수사가 시작되고 공권력이 개입한다. 현장에서 급박하게 벌어지는 용역 투입이나 노조 파괴 등 회사 측의 부당노동행위에는 너무나 느리게 대응하는 검찰과 노동부가, 노조의 불법행위에는 번갯불처럼 신속하게 대응한다. 게다가 오랜 시간이 걸려 결국 회사의 부당노동행위를 처벌한다 해도, 그때는 이미 회사가 자기 입맛에 맞는 회사 노조를 만들어 민주 노조를 무력화하는 데 성공한 뒤다.

김 변호사는 앞으로 창구 단일화 제도의 문제점이 점점 더 심각해질 것이라고 말한다. 실제로 KEC 사건 이후, 창구 단일화로 인해 기존 노동조합의 단체교섭권이 박탈되고 회사 측 노동조합이 대표 노조의 자리를 차지하는 일이 점점 더 많은 사업장으로 퍼져가고 있다. 김 변호사는 KEC 측의 노조 무력화에 대응하며 느낀 점을 담담히 털어놓았다.

"사용자의 부당노동행위를 입증하려면 노동조합이 피눈물 나게 노력해서 증거를 모아야 해요. 사용자 쪽에서는 고소 고발 하나면 되는데……. 우리는 엄청나게 애쓰고 또 운도 좋아야 겨우 증거를 확보할 수 있고, 그런 증거가 없으면 사용자 처벌은 어렵다고 봐야죠. 자료 모으는 게 정말 힘들었어요. 우리나라의 부당노동행위 구제 제도는 노동자에게 너무나 멀리 떨어져 있어요."

노동자에게는 너무나 먼 제도, 무너져가고 있는 노동조합. 법률원 사람들은 그 간극을 조금이라도 좁혀보려고 애쓰고 있다.

9장

노동조합은
공갈 협박범?

건설노조 공갈 협박죄 구속 사건

변호사의 숙적은 검사다. 법정에서 검사는 노동조합 활동의 위법성을 문제 삼고 변호사는 그것이 노동자의 권리임을 주장한다. 검찰이 법의 공정한 집행자로 제 역할을 한다면 이를 비판할 수는 없다. 하지만 검찰이 재벌 회장과 해고 노동자 사이에서 누가 봐도 공평하게 법의 잣대를 적용하고 있는가. 아마 많은 시민들이 고개를 저을 것이다. 그것은 공공 기관 신뢰도 조사에서 검찰이 최하위로 나오는 현실로 드러난다.[1]

더 큰 문제가 있다. 노동운동에 대한 검찰의 인식이다. 검찰은 노동운동이 기본적으로 사회의 치안을 어지럽힌다는 시각을 가지고 있다. 이런 시각은 아래의 검찰 수사 백서에서도 잘 드러난다.

노동운동이 결코 법 위에 군림할 수 없다는 확고한 원칙하에 6차에 걸쳐 민

• 2003년 검찰이 전국 각지의 건설노조를 공갈 협박죄로 기소한 사건이다. 2006년 대법원은 건설노조에 유죄를 선고했다.

주노총 간부 7명과 전국 건설산업 노동조합연맹 간부 1명, 포항 지역 건설노조 간부 62명을 구속하는 등 강력한 검찰권을 행사하였습니다. 이 과정에서 구속영장이 청구된 **70명 전원에 대하여 영장이 발부되는 진기록이 수립되기도 했습니다.**[2] (강조는 인용자.)

노동자들에 대한 구속영장 최다 발부가 진기록이라고 자랑하는 검찰. 노동쟁의가 왜 발생했는지, 회사 측에는 아무런 책임이 없는지는 검찰의 고려 대상이 아님을 알 수 있다. 검찰의 이런 처벌 만능주의는 노동 기본권에 대한 몰이해와 낡은 사고에서 비롯된다고 권두섭 변호사는 지적한다. 이런 점이 잘 드러난 사건이 2003년 건설노조 공갈 협박죄 구속 사건이다. 노동조합의 활동을 기업에 대한 공갈 협박으로 본 것이다.

검찰, 노조 전임비 요구를 문제 삼다

사건은 2003년 가을 전국적으로 동시에 일어났다. 경찰이 충청 지역과 경기 지역에서 여러 곳의 건설 현장을 조사했고 이어 지역 건설노조 간부들에게 소환장을 보냈다. 몇몇 간부가 경찰서 출두 날짜를 미루자, 경찰은 긴급 체포 영장을 가지고 강제 연행했다. 전국적인 사건이라 공동 변호인단이 구성되었고 법률원도 서둘러 참가했다.

나는 경찰과 검찰이 건설노조에 걸고 나온 '공갈 협박죄'가 이해가 되지 않았다. 노조가 야구 방망이나 회칼을 들고 사장을 죽이겠다고 위협이라도 했단 말인가? 권두섭 변호사에게 물어보았다.

"공갈 협박죄라니, 무슨 말이죠?"

"그러니까 민주노총 간부라는 자들이 건설사를 찾아가 노조 전임자 급여(노조 전임비)를 요구하고, 들어주지 않을 시에는 '그럼 현장 안전의 미비점을 법 위반(산업안전보건법)으로 고발하겠다.'고 위협했다는 겁니다. 건설 현장 관리소장들은 법 위반으로 고발되면 향후 사업 입찰을 따는 데 불이익이 생기니까 울며 겨자 먹기로 전임비를 줘야 했다는 얘기죠."

"그게 어떻게 공갈 협박죄에 해당되나요?"

"형법상 공갈 협박죄는 협박을 가해서 경제적 이득을 취하는 것을 말해요. 예를 들어 '너 죽일 거야.' 하면 협박이고, '돈 안 주면 죽일 거야.' 해서 돈을 받아내면 공갈 협박이 돼요. 이 경우 노조 전임비가 협박으로 얻은 이득에 해당된다는 거예요. 경찰과 검찰은 민주노총 간부들이 건설사를 상대로 금품 갈취를 한 것으로 몰아갔죠."

노조의 상근 전임비 요구가 한순간에 공갈 협박으로 둔갑한 것이다. 권 변호사는 공갈 협박죄가 역사적으로 노동운동을 탄압하는 데 자주 사용되어 왔다고 말한다. 초기 자본주의 국가에서 근로계약의 당사자는 사용자와 개별 근로자뿐이며, 노동조합이라는 단체는 계약의 주체가 될 수 없다고 보았다. 19세기 영국에서는 노동자들이 단체를 만들어 그 힘을 이용해 임금 인상을 요구하면 협박죄 또는 공모죄로 처벌하기도 했다. 예를 들어 존슨 사장네 회사의 직공들이 사장을 개인적으로 찾아가 임금 좀 올려달라고 요구하는 건 괜찮아도, 무리 지어 요구하면 공갈 협박범이라며 처벌했던 것이다. 어떻게 보면 "임금을 올려주지 않으면 파업에 들어가겠다."는 말은 "돈을 주지 않으면 힘으로 본때를 보여주겠다."는 공갈 협박과 비슷하게 들리기도 한다.

"그러나 세월이 흐르면서 노동 기본권에 대한 인식이 바뀌었죠. 사용자에 비해 상대적 약자인 노동자가 자기 이익을 보호받으려면 단체행동을 통해 사용자와의 교섭을 요구하는 게 불가피하다는 것이 인정되었습니다. 그래서 파업권이 합법적인 권리가 된 겁니다."

권 변호사는 노동조합에 대한 국가의 정책은 최초에는 '억압'이었고 이어 '소극적 용인'으로, 점점 '적극적 보호'로 변화되어 왔다고 설명한다. 그런 역사적 변화를 이해한다면, 건설노조 활동을 공갈 협박으로 보는 검찰의 시각은 노동조합에 대한 19세기적 이해에 머물러 있는 셈이다.

건설 노동자들의 특수한 처지

이 사건을 이해하려면 먼저 건설 현장의 특징과 건설 노동자들의 처지를 알아야 한다. 우리가 흔히 노가다라고 부르는 건설 현장의 일용직 노동자들은 다른 직종에 비해 매우 불안정한 처지에 놓여 있다. 우선, 작업장이 고정되어 있지 않다. 한 현장에서 일하다가 공사가 끝나면 다른 곳으로 이동하고, 일하는 기간도 천차만별이며, 겨울이나 장마철에는 일거리가 떨어져 실업 상태로 지내야 한다.

또 다른 이유는 건설 현장 특유의 다단계 하도급 구조에 있다. 피라미드를 생각하면 된다. 피라미드의 맨 위에 현대건설, GS건설, SK건설 같은 원청 업체가 있다(원수급인). 그 아래에는 원청 업체로부터 작업 일부를 도급받는 전문 건설 업체(하수급인)가 있고, 그 아래 또 일부를 도급받는 재하수급인이 있다. 재하수급인으로부터 다시 도급을 받는 팀장(일명 십장), 맨 아래에는 팀장이 고용한 일용직 노동자(일명 노가다)가 있다. 이런 구조에서는 같은 아파트 공사 현장에서 일하더라도 노동자들의 소속이 다 다르다.

맨 위의 원청에서 건설 비용을 지불하더라도 각각의 중간 단계에서 이윤을 떼어가므로 일용직 노동자에게 돌아오는 일당은 낮아질 수밖에 없다. 그마저도 중간에 낀 업체가 악덕 업체인 경우에는 수

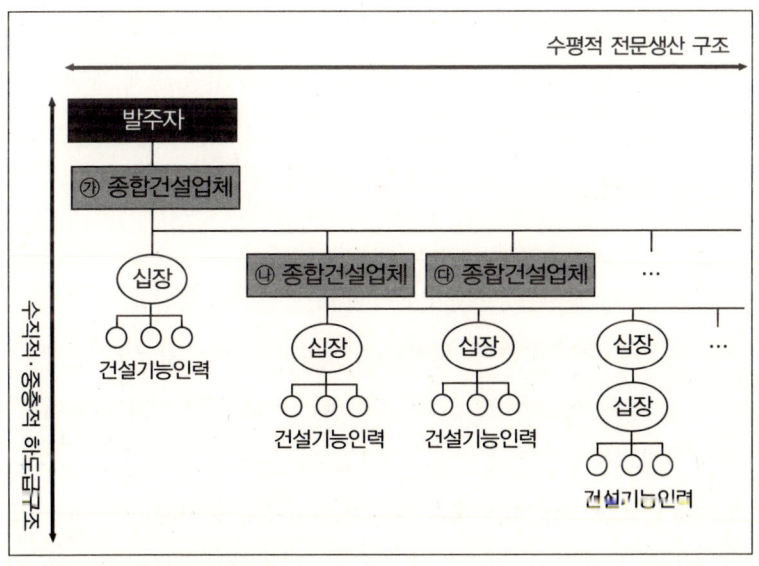

건설 현장의 중층적 하도급 구조

9장 • 노동조합은 공갈 협박범? 221

시로 임금 체불이 발생한다. 건설 노동자들의 가장 큰 불만이 바로 잦은 임금 체불이다.

 노동자들이 그에 못지않게 중요하게 생각하는 것이 안전 문제이다. 건설 현장은 산업재해가 가장 빈번하게 일어나는 곳이다. 2010년 기준으로 건설 산업 재해자가 2만 2천여 명이고 사망자는 574명이었다. 대략 이틀에 세 명꼴로 목숨을 잃는 것이다. 임금도 임금이지만 현장 안전 문제는 원청 업체가 책임을 지지 않으면 보장이 불가능하다. 안전망 설치 같은 것을 하청 업체가 감당할 수 없기 때문이다. 그러나 많은 경우 원청 업체는 비용을 이유로 안전 관리를 소홀히 한다.

 "도급 구조가 워낙 층층으로 되어 있고 복잡해요. 일용직 노동자들이 자기들의 요구를 원청 업체에 전달하는 게 거의 불가능하죠. 가령 노동자들이 일당 좀 올려달라고 팀장이나 하청 업체 사장에게 아무리 요구해도, 원청 업체가 공사 대금을 올려주지 않는 한 임금이 오를 수 없죠."

 권 변호사의 말이다. 안전이나 복지 역시 원청 업체가 신경 써주지 않는 한 개선되지 않는다. 일용직 노동자의 노동 환경 역시 실제로는 원청 업체에 지배되고 있다. 공사 현장마다 원청 업체에서 나온 현장 관리소장이 있는데, 이들 관리소장이 현장을 감독하고 노동자들에게 업무를 지시한다. 일용직 노동자들은 원청 업체의 지시에 따라 일하면서 정작 원청을 상대로 어떤 요구도 할 수 없게 되어 있는 것이다.

"하루 벌어 하루 사는 일용직 노동자들은 노동조합 만들기도 쉽지 않겠네요."

"노동조합을 만들려 해도 원청을 상대로 해야 할 텐데, 이곳저곳으로 떠돌아다니는 건설 노동자들의 특수성 때문에 쉬운 일이 아니죠. 예를 들어 현대건설 공사 현장에 노조를 띄운다고 해봐요. 하지만 그곳 공사가 끝났을 때 노동자들이 다음에도 현대건설이 맡은 공사장만 찾아가는 건 아니거든요. 그래서 민주노총이 택한 방법은 외국●의 선례를 따라 지역별로 노동조합을 만들고 단체협약은 각 현장마다 따로 맺는 방식이었어요."

가령 대전 지역에 A, B, C, D, E회사까지 5개 건설 현장이 있다고 하자. 먼저 대전 지역 건설노조를 만들고 A회사와 단체협약, B회사와 단체협약, 이렇게 E회사까지 비슷한 내용으로 단체협약을 체결하는 것이다. 이렇게 되면 노동자들이 대전 지역에 속한 다른 현장으로 가더라도 동일한 단체협약의 혜택을 누릴 수 있다. 단체협약이 체결되어 있는 현장에 새로 들어오는 노동자들도 마찬가지다. 이 방식이 전국적으로 진행되면, 건설 현장을 따라 전국을 돌아다니는 일용직 노동자들도 노동 기본권을 보호받을 수 있다.

이런 식의 건설 노동조합 설립은 성과가 있었다. 2003년 당시 건

● 국제건설목공노련의 사례를 말한다. 스위스 제네바에 본부를 둔 국제 노동조합으로, 124개국 287개 노동조합이 가입되어 있으며 조합원 수는 1천만 명에 이른다.

설노조 전체 조합원 숫자가 약 3만 명이었다. 건설노조는 원청 업체에게 산업안전보건법을 지키고 안전시설을 설치할 것, 조합원 휴게 공간을 마련할 것, 정기적으로 노조와 협의할 것, 조합원 교육 시간을 할애할 것 등을 요구하여 단체협약을 맺었다.

이런 활동들을 안정적으로 진행하려면 노동조합 유급 전임자가 있어야 한다. 건설노조는 노조 전임자의 급여를 단체협약을 체결한 지역 원청 업체들이 분담해줄 것을 요구했다. 단체협약이 체결되면 노조 전임자는 지역 내 현장들을 순회하며 안전 상태를 체크했다. 조합원들에게 정기적으로 안전 교육을 했고 조합원들을 대표해 노사협의에 참가했다.

검찰이 치고 들어온 부분이 바로 이 지점이었다. 현행법은 노사 간에 직접적 근로계약 관계가 있는지만 중시한다. 현행법으로 보면 근로계약은 일용직 노동자와 그가 소속된 바로 위의 하청 업체 사이에 맺어진 것이고, 원청 업체는 제삼자나 마찬가지다. 검찰은 건설노조가 교섭의 제삼자인 원청에 가서 교섭을 핑계로 전임비를 뜯어낸 것으로 해석했다. 게다가 검찰은 수사를 시작한 것은 자신들이 아니라 경찰이라고 발뺌했다. 하지만 권두섭 변호사는 이 사건이 대검찰청 공안부의 작품이라고 의심한다.

"사건이 전국적으로 진행되었어요. 대전을 시작으로 천안, 경기도, 대구, 포항 등 건설노조가 열심히 활동하는 곳에서 동시에 같은 방식으로요. 먼저 시작한 대전의 주임 검사는 대전에 오기 전까지 중앙지검에서 민주노총을 담당한 검사였어요. (광우병 위험을 보도한) 《PD수첩》

제작진을 기소한 검사이고, 전형적인 공안 검사죠. 노조라면 쌍심지를 켜는. 그리고 법령상 전국적인 공안 사건은 대검 공안부에서 지도하게 되어 있거든요. 그런 점들을 종합해보면 의심이 가죠."

시대에 역행하는 검찰

건설노조에 대대적인 구속 기소가 이뤄지자 이듬해 시민사회 차원에서 진상 조사단이 구성되었다. 진상 조사단은 검찰과는 다른 조사 결과를 내놓았다. 원청 건설사들이 노조와의 단체협약 체결을 박수 치고 환영한 것은 아니지만 특별히 반대하지도 않았다는 것이다. 진상 조사단이 수집한 증언에 따르면, 현장 관리자들은 회사가 소홀할 수 있는 안전 문제를 노조가 지적해 고칠 수 있었다며 노조의 역할을 인정하고 있었다. 건설사의 안전 관리 담당자가 소수에 불과하여, 그들이 미처 발견하지 못한 부분을 노조가 지적해줬다는 것이다.

전임비 지급에 대해서도, 대부분의 현장 관리자들은 회사에서 공식적으로 결정한 사항이고 앞으로도 지급할 생각이라고 답했다. 오히려 일부 관리자들은 경찰에 대한 불만을 토로했다. 경찰이 노조의 전임비 요구를 공갈 협박과 금품 갈취로 몰려는 시나리오를 미리 만들어놓고, 자신들의 답변을 거기에 끼워 맞추려 한다는 것이었다. 관리자들을 힘들게 하는 것은 오히려 경찰이었다.

"공갈 협박과 금품 갈취로 끌고 가녀만. 처음부터 끝지. 벌써 나 시나리오가 짜 있어요. 짜놓고 마지막 우리 진술서 받아가지고 지장 찍으라는 거더라고, 결론을 그렇게 몰고 갔어요."

"(경찰의 참고인 질문 과정에서) 노조에 '단체협약 안 하겠다.'고 했을 때 '그렇게 나오면 고발하겠다.'는 협박을 받았다는 대답이 나오도록 사람을 짜증나게 만들었다. 만약 요구하는 대답이 안 나오면 처음부터 똑같은 질문을 다시 했다. 그래서 끝내는 '고발하겠다는 협박을 받았다.'고 말할 수밖에 없었다."³

인터넷 신문 『오마이뉴스』의 취재에서도 이런 정황이 드러난다. 기사에 따르면 경찰은 건설노조가 대전 일대 아파트 건설 현장에서 협약을 맺고, 공사 규모가 5백억 원 이상인 곳에서는 월 50만 원 이상, 5백억 원 이하인 곳은 25~50만 원의 노조 활동비를 요구한 것을 두고 '총 7천만 원의 갈취가 있었다.'고 주장했다. 건설노조가 건설사를 공갈 협박했다는 대목이다. 그러나 『오마이뉴스』 취재진이 현장 소장 등 단체협약 체결자들을 만나 취재한 결과는 달랐다.

A사 "협박 없었다. 대전 지역 다른 현장도 전체적으로 함께 체결한 것으로 알고 있다."
B사 "단체협약을 체결하지 않을 경우 불이익이 있을 거다 정도. 서로 입장 차이는 있을 수 있어도 대놓고 얘기하는데 공갈 협박이 있었겠나."
C사 "협박 없었다."
D사 "협박 없었다. 말이 와전되고 있는 것 같다. 좋은 분위기에서 단체협약을 체결했다."
E사 "협박 없었다. 우리 회사도 규모가 있는 회사인데 협박한다고 단체협약을 체결하고 그러지는 않는다."

F사 "(노조가) 단체협약 체결 안 하면 사진 찍어 고발하겠다고 했다. 하지만 협박이기보다는 협약 체결 과정의 줄다리기로 이해했다."[4]

그러나 사진 찍어 고발하겠다는 협박이 있었다면 검찰의 주장이 일부분 맞는 것은 아닐까? 실제로 건설노조 간부들은 현장 소장이 단체교섭을 회피하면 현장의 안전 미비점을 사진으로 찍어 "산업안전법 위반으로 고발하겠다."고 말하기도 했다. 하지만 권 변호사는 고소나 고발은 노사 양쪽이 수시로 하는 일이며 사용자들도 교섭에서 우위를 차지하기 위해 고소 고발을 이용한다고 설명했다.

그러나 교섭이 원만하게 이뤄지면, 통상적으로 노사 양측은 그동안의 고소 고발을 취하한다. 건설노조도 고발 자체가 목적이 아니라 안전 문제 해결과 단체협약 체결이 목적이었다. 교섭이 타결되어 회사가 문제점을 시정하겠다고 약속하면 고발할 이유가 없어진다. 회사가 교섭에 응하지 않는 경우 노조로서는 고발 외에 회사를 끌어낼 방법이 달리 없었던 것이다. 게다가 회사가 실제로 산업안전보건법을 위반했다면 고발된다고 해서 이를 부당하다고 비난할 수는 없다.

권 변호사에 의하면 건설노조 변호인단의 주장은 대략 다음과 같았다.

"검찰은 건설노조가 공갈 협박을 했다고 하는데, 정말로 공갈 협박이 목적이었다면 전임비가 꼬박꼬박 통장에 들어오는 한 군이 노조 활동을 할 필요가 있느냐는 거죠. 섬살 날내도라면 노조기 돈만 받으면 되지 무엇 때문에 힘들게 현장을 출입하며 안전 교육이니 노사 협의니 하겠냐는 겁니다."

오히려 일부 현장 소장들은 다음과 같이 증언했다. "노조가 돈만 받고 안 왔으면 좋겠는데 자꾸 와서 노사 협의를 하자든가 이것저것을 시정해달라고 해서 귀찮았다." 천안의 한 현장 관리자는 "굳이 단체협약을 맺을 필요 있나. 돈을 줄 테니 이면 합의를 하자."고 했으나 노조 위원장이 "노동조합은 일용 노동자의 권익을 위한 것이지 뇌물이나 받는 데가 아니다."라고 화를 내는 일도 있었다. 공갈 협박범이라면 무척 고지식한 협박범인 셈이다.

또한 변호인단은 원청 업체와 지역 건설노조가 단체협약을 체결한 것은 노동법의 취지로 봤을 때 전혀 이상한 점이 없다고 주장했다. 비록 직접적인 근로계약은 하청 업체와 이뤄졌지만, 노동자들의 노동조건을 실제로 결정하는 주체는 원청 건설사이다. 노동자들의 권익을 실질적으로 보호하려면 원청과 단체협약을 맺어야 한다.

하지만 법원은 일부 지역을 제외하고는 대부분 검찰의 공갈 협박죄 주장을 인정했다. 건설노조 간부 백여 명 이상이 구속되거나 조사를 받았다. 건설노조는 위축되었다. 지역 노동자들을 조직하는 방식에도 제동이 걸렸다.

권 변호사는 검찰이 일용직 노동자처럼 반半실업 상태의 사람들이 노동조합으로 조직되는 것을 심각한 사회불안 요소로 보고 있다고 말한다. 실제로 사례가 있다. IMF 직후 노사정 합의에 따라, 노동부가 실업자도 노조에 가입할 수 있도록 하는 노동법 개정안을 국회에 제출한 적 있다. 당시 여기에 강력히 반대한 정부 기관이 법무부였고, 특히 격렬히 반발한 쪽이 법무부 공안 라인, 즉 대검찰청 공안부였다고 한다.

노동조합을 잠재적 불법 집단쯤으로 보는 그들의 시각에서는 일용직 노동자들이 지역 건설노조로 조직된다면 사회적 위협이 아닐 수 없다. 그래서 현행법상 일용직 노동자들이 원청 업체를 상대로 노동조합을 만들기 어렵다는 약점을 이용해 치밀하게 수사를 준비한 것으로 권 변호사는 보고 있다.

이 사건이 있고 나서 시간이 꽤 흘렀지만, 검찰의 인식은 나아진 점이 거의 없다. 검찰이 노동조합을 탄압해야 할 불법 집단으로 생각하는 한 노사 모두에게 공정한 법 집행자가 되기는 힘들 것이다.

10장
교사에게 정치적 자유를 달라
전교조 시국 선언·정당 후원 사건

한 교사가 법정에 섰다.

검사가 기소장을 읽었다. 아이들을 가르치는 교사가 정치판 같은 곳을 기웃거리고 교사의 정치적 중립의 의무를 위반한 것은 너무나 중대한 범죄이며, 이로 인해 교사에 대한 국민의 신뢰가 무너졌다고 했다. 금액의 크기가 중요한 것이 아니라고 검사는 강조했다. 교사에게는 징역 1년의 실형이 구형되었다. 같은 혐의로 법정에 선 교사들 모두의 얼굴이 창백해졌다. 대부분 평생 경찰서 근처에도 가보지 않은 사람들이었다.

교사가 최후진술을 하려고 일어났다.

"판사님, 제 통장의 한 달간 내역을 읽어드리겠습니다."

지역의 무슨 공부방 만 원, 무슨 장애인 단체 만 원, 무슨 시민 단

• 2009년 전교조는 두 번의 시국 선언을 발표했다. 이를 정치적 중립성 위반 혐의로 검찰이 기소, 이에 더해 2010년과 2011년 불법 정치자금 후원 혐의로 기소해 대법원이 유죄를 확정했다. 대부분의 징계가 취소되거나 가벼운 수준으로 마무리되었다.

체 5천 원······. 목록이 이어졌다. 한참 뒤에 '민주노동당[•] 1만 원'이 나왔다. 교사는 "민주노동당이 제가 생각하는 교육과 맞는, 가난한 아이들을 위한 교육정책을 제시하는 걸 보고 공부방이나 시민 단체에 내는 후원과 하나도 다름없는 마음으로 월 만 원씩 낸 것"이라고 말을 맺었다.

2008년 미국 대선 당시 회원 수 320만 명에 달하는 미국 최대의 교원 노동조합 전미교육연합(NEA)은 오바마 후보 선거 캠프에 5,000만 달러를 후원했다. 한화로 약 600억 원에 이르는 돈이었다. 그러나 전미교육연합의 간부나 평교사 중 누구도 처벌이나 불이익을 당하지 않았다. 일본, 캐나다, 유럽에서도 교사가 정당에 가입하거나 후원금을 냈다는 이유로 처벌받지 않는다. 심지어 덴마크나 스위스 교사들은 교사직을 유지한 채 선거에 출마하여 국회나 지방의회 의원직을 수행할 수도 있다. 캐나다 교원 노동조합의 단체협약은 교사들이 정치인의 선거운동에 참여할 수 있도록 휴가 조항을 두고 있다. 단 1만 원의 후원금 때문에 검찰에 기소되고 징계 조치에 회부되는 한국과는 하늘과 땅 차이라고 할까.

그런데 교사·공무원이 노동조합을 결성할 권리가 인정된 것도 그리 오래되지 않았다. 지금도 이들에게는 노동3권 중 단체행동권이 금지되어 있어 노동 기본권을 온전히 보장받지 못하고 있다. 그리고 우리는 여전히 "교사가 어떻게 노동자가 될 수 있느냐."와 같은, '천한 노동자'와 '고상한 교사'를 대비하는 발언에 익숙하다. 즉 교사·

• 1999년에 창당한 진보 정당. 2004년 최초로 원내에 진출했고 2012년에 국민참여당, 진보신당 탈당파와 함께 통합진보당을 창당했다.

공무원을 노동자가 아닌 특수한 집단으로 여기는 데서 노동 기본권 제한을 정당화하는 논리가 따라나온다. 그리고 그들의 정치적 기본권 박탈 역시 똑같은 논리로 정당화된다. 따라서 교사·공무원의 노동 기본권 억압과 정치적 기본권의 박탈은 그들의 노동자성이 인정받지 못하는 한 함께 일어날 수밖에 없다.

정치적 중립성의 실제 의미는?

서울 영등포 전교조(전국교직원노동조합) 사무실에서 강영구 변호사를 만났다. 강 변호사는 민주노총 법률원에 재직하다가 현재는 전교조의 상임 변호사로 활동하는 젊은 여성 변호사다. 전교조에 오자마자 시국 선언 사건이나 정당 후원 사건 등으로 정신없는 시간을 보냈다고 한다. 그는 재판을 준비하는 사이 전교조 교육정책 연구에도 참여하는 등 열정적인 사람이다.

강 변호사는 교사·공무원의 정치 활동을 금지하는 현행법이 많고 다양하다고 지적한다.

- 정당법 제22조(발기인 및 당원의 자격) 정당의 '발기인 및 당원이 될 수 없는 자'에 공무원, 교원 포함.
- 정치자금법 제8조(후원회의 회원) 위의 '정당법 제22조에서 정당의 당원이 될 수 없는 자'는 후원회의 회원도 될 수 없다고 규정.
- 공직선거법 제60조(선거운동을 할 수 없는 자) 교원, 공무원은 선거운동을 할 수 없음.

- **공직선거법 제65조**(정치 운동의 금지) 공무원은 정당이나 그 밖의 정치 단체의 결성에 관여하거나 이에 가입할 수 없다고 규정.

- **교원의 노동조합 설립 및 운영 등에 관한 법률**(교원노조법) **제3조**(정치 활동의 금지) 교원의 노동조합은 일체의 정치활동을 해서는 안 된다고 명시.

- **국가공무원법 제66조**(집단 행위의 금지) 공무원은 노동운동이나 그 밖에 공무 외의 일을 위한 집단 행위를 해서는 안 된다고 명시.

무려 여섯 개의 법률이 교사·공무원의 노동 기본권과 정치적 기본권을 구속하고 있다. 이처럼 현행법은 교사·공무원은 개인으로

전교조 강영구 상임 변호사. ⓒ민주노총 법률원

10장 • 교사에게 정치적 자유를 달라

든 집단으로든 일체의 정치적 권리를 행사할 수 없도록 매우 포괄적으로 금지해놓았다. 헌법이 보장하는 기본권을 하위 법률로 제한하는 경우 권리의 본질을 침해해서는 안 되는 것이 원칙이다. 그러나 정치 활동의 자유라는 기본권은 그 본질까지 꼼꼼히 묶여 있는 것이다. 교사·공무원은 선거일에 투표하러 가는 것 외에는 선거운동을 할 수도, 후원을 할 수도, 정치적 요구를 내건 집회를 개최하거나 참여할 수도 없다. 이들의 수가 우리나라 경제활동인구의 4퍼센트, 유권자의 약 3퍼센트를 차지하므로 그만큼의 인구가 '정치적 금치산자'가 되어 있는 셈이다.

"이처럼 교사·공무원의 정치적 자유를 제약하는 근거가 뭔가요?"
"헌법 제7조 2항에 있는 '공무원의 정치적 중립성'을 그 이유로 들죠."

교육기본법에서는 '교육은 정치적, 파당적 편견의 전파를 위해 이용되어선 안 된다.'라며 교사의 정치적 중립성을 명시하고 있다. 종교의 자유를 예로 들어보자. 우리 헌법은 종교의 자유를 보장한다. 하지만 교육 영역에서는 종교적 중립성이라는 조항으로 그 자유를 제한하고 있다. 구체적으로는 '학교에서는 특정한 종교를 위한 종교교육을 해서는 안 된다.'라고 규정한다.
여기까지는 이해가 된다. 즉 교육기본법이 말하는 정치 또는 종교적 중립성이란, 학교에서 교사가 자신의 정치적 견해나 종교적 신념을 학생들에게 강요하거나 그 전파를 위해 교육을 수단으로 삼아선 안 된다는 뜻이다. 자신이 A정당을 지지한다는 이유로 A정당을 지지하는 학생의 답안에는 점수를 주고 B정당을 지지하는 학생의 답안은 틀렸다고 매긴다면? 또는 수업 시간에 교과 내용과 관계없이 특정 종교의 교리를 전도한다면? 상식적으로도 받아들일 수 없을 것이다. 그러나 교실을 벗어났을 때, 정치적 자유와 종교적 자유는 완전히 다른 대우를 받는다.

종교적 자유의 경우, 수업 시간을 제외하면 교사가 어떤 종교 활동을 하건 자유다. 심지어 학교 안에서도 뜻 맞는 사람들과 모임을 꾸리고 신앙 활동을 할 수 있다. 그러나 정치적 자유의 경우, 교사는 학교 안팎을 막론하고 어떤 정당이나 정치단체에도 가입할 수 없고 후원금을 낼 수도 없다. 이를 어기면 징계와 형사처분을 감수해야 한다. 어째서 이런 차이가 생기는 것일까? 강영구 변호사는 말한다.

"과거엔 정권이 교사와 공무원을 하수인처럼 동원하는 일이 많았죠. 부정선거에 동원한다든지, 학생들에게 독재를 옹호하는 내용을 가르친다든지. 그래서 교사·공무원이 정치권력의 압력으로부터 자유로울 수 있도록 정치적 중립성 조항이 헌법에 도입된 거였어요.• 그런데 정부가 이 정치적 중립성을 거꾸로 해석해서, 교사·공무원의 정치적 권리를 박탈하고 정부 비판적인 행위를 탄압하는 데 이용

• 헌법 제7조 2항("공무원의 신분과 정치적 중립성은 법률이 정하는 바에 의하여 보장된다.")은 1960년 4·19혁명 이후 6월 15일 3차 개헌에서 신설된 조항이다.

하고 있는 거죠."

"애초 정치적 중립성의 의미가 지금 우리가 알고 있는 것과는 달랐군요."

"헌법 제7조 2항을 자세히 봐야 해요. '공무원의 신분과 정치적 중립성은 법률이 정하는 바에 의하여 보장된다.'고 규정되어 있죠. 그러니까 헌법은 교사·공무원의 정치적 중립성을 보장한다고 하지 정치적 자유를 허용하지 않겠다고 하지 않아요. 즉 너희에겐 정치적 자유가 없다는 의미가 아니라, 정치권력의 외압으로부터 자유롭도록 보호하겠다는 의미예요."

헌법에 명시된 종교적 중립성은 반대로 하위 법령에서도 권력으로부터 종교의 자유를 보장하는 방향으로 법제화되어 있다. 어떤 종교를 믿는다는 이유로 처벌받는 일이 없도록 보호하는 것이다. 그러나 정치적 중립성은 하위 법령에서 헌법의 취지와 정반대 방향으로 법제화되어 있다. 정치적 견해를 일절 표방하지도 지지하지도 못하도록 하고, 이를 어기면 처벌받게끔 해놓은 것이다.

이명박 정부에서 공무원 노조와 전교조는 유독 심하게 탄압받았다. 강 변호사는 형사 고발, 징계, 파면, 해임, 단체협약 해지 등 하나가 끝나면 또 하나가 이어지는 탄압에 몇 년간 숨 쉴 틈도 없었다고 한다.

전교조에 연이어 쏟아진 탄압

2008년 5월의 광우병 소고기 반대 촛불 집회가 청소년들에 의해 시작되었다는 사실은 이명박 정부에게 충격을 주었던 모양이다. 이는 정부가 교육 현장에서 정부 비판적 교육, 소위 '좌파적' 교육이 확산되어 있다는 강한 불신을 갖는 계기였다. 또한 이명박 정부의 교육 정책은 이전 정부보다 경쟁과 학력을 더 강조했다. 전교조가 이에 반대하면서 정부와의 긴장이 높아져갔다. 교육과학기술부(교과부)가 전국 일제고사를 실시하기로 하자 전교조는 반발하여 시험 실시를 거부했다.

 2008년 11월 교과부는 전교조와의 단체협약을 해지했고, 이어 11개 시도 교육청에서도 전교조 각 시도 지부와 체결한 단체협약을 일방적으로 해지했다. 전교조를 교섭 상대로 인정하지 않겠다는 뜻이었다. 또한 교과부는 일제고사를 거부한 교사들을 파면 혹은 해임하라고 각 시도 교육청에 지시했고 지역별로 징계가 이뤄졌다. 이런 가운데 2009년 5월, 촛불 집회 일주년에 맞춰 4대강 사업, 의료 민영화, 공안 탄압 등 정부의 정책 기조에 항의하는 각계각층의 시민사회 단체들이 시국 선언을 조직했다. 전교조도 동참하기로 하고 2009년 6월 18일 '6월 민주 항쟁의 소중한 가치가 더 이상 짓밟혀서는 안 됩니다.'라는 제목으로 교사 1만 6171명 명의로 된 시국 선언을 언론사에 배포했다.

[기사] 교사 1만 6천명 "언론 자유 보장하라"

교사들은 −공권력 남용 사과와 국정 쇄신 −헌법에 보장된 언론과 집회와 양심의 자유와 인권 철저히 보장 −특권층 위주 정책 중단, 사회적 약자 배려 정책 추진 −미디어법 등 반민주 악법 강행 중단, 한반도 대운하 재추진 의혹 해소 −자사고 설립 등 경쟁 만능 학교 정책 중단, 학교 운영 민주화 보장 −빈곤층 학생 지원 교육 복지 확대, 학생 인권 보장 등을 정부에 요구했다.

교사들은 "역사의 수레바퀴를 거꾸로 돌리는 민주주의 위기는 이명박 정권의 독선적 정국 운영에서 비롯된 것"이라며 "지난해 온 나라를 덮었던 촛불의 물결, 올해 노무현 전 대통령의 죽음에 대한 애도의 물결은 시대를 역행하는 현 정부의 독선적 정국 운영에 대한 국민적 저항"이라고 지적했다.[1]

노무현 정부 때도 전교조가 시국 선언에 동참하거나 정치적 요구를 발표하는 일은 있었지만 정치적 탄압을 받지는 않았다. 특히 교육정책에 대한 전교조의 입장 발표는 자연스러운 일로 여겨져왔다. 그럼에도 전교조 집행부는 당시 시국 선언을 발표하기 전에 법률 자문을 거치는 등 특별히 신경을 썼다. 하지만 정부의 대응은 상상 이상이었다.

교과부는 시국 선언을 교사의 정치적 중립성을 위반한 중차대한 사건으로 규정하고 전국의 전교조 전임자들을 형사 고발했다. 이어 검찰은 전교조 본부를 전격 압수 수색했다. 검찰은 전교조 홈페이지 서버, 사무실 컴퓨터, 시국 선언 관련 회의록, 대의원 명패, 연락처, 개인 수첩 등을 가져갔다. 경찰은 쓰레기통까지 뒤졌다. 이때 전교조 회원 명부와 개인 계좌 목록도 압수되었다.

전교조는 정부의 징계와 고발, 탄압을 비판하면서 '표현의 자유 보장, 시국 선언 교사에 대한 징계 철회' 등의 주장을 담은 2차 시국 선언을 조직했다. 2차 시국 선언에는 더 많은 교사들이 참여했다. 전교조는 7월 19일 서울광장에서 2차 시국 선언을 발표하고 2만 8711명의 명단을 홈페이지에 게재했다. 그러자 경기도 교육청을 제외한 전국의 모든 시도 교육청에서 전교조 전임자들이 국가공무원법상의 성실의 의무, 복종의 의무, 집단 행위의 금지, 교원노조법의 정치 활동의 금지 등을 위반했다며 파면, 해임, 정직 등 중징계를 내렸다. 이어 검찰은 시국 선언 주동 혐의로 전교조 전임자 86명을 기소했다.

나는 전교조 서울지부 조합원인 김행수 교사를 만났다. 김 교사는 고등학교에서 영어를 가르친다. 그는 시국 선언이 진행될 때의 상황을 들려주었다.

"시국 선언은 교수, 문화 예술인, 청소년까지 참여했어요. 자율형 사립고나 일제고사 같은 교육정책을 변경해야 한다, 다른 것도 아니고 교사가 교육정책에 대해 목소리를 내는 거니까 이게 문제가 되리라고는 생각 안 했죠. 과거에도 교사들이 실명으로 뭘 발표한 적이 있었고요. 그래서 전교조 조합원 아닌 교사도 서명에 많이 참여했어요. 2차까지 합치면 4만 명쯤 될 텐데요. 그런데 이게 징계에 형사처분까지 간 거죠."

교과부는 명단에 이름을 올린 교사 전부에게 해명서를 요구했다. 명단에 있는 이름이 본인인지 사실관계를 밝히라는 것이었다. 학교마다 공문이 내려왔다. 가령 명단에 홍길동이라는 이름이 있으면, 교장이 자기 학교의 홍길동 교사를 불러 '명단의 홍길동이 당신이냐 아니냐?'고 추궁했다. 아니라고 하면 해명서를 쓰라고도 요구했다. 교사들은 심리적으로 위축됨을 느꼈다.

그러나 이는 시작에 불과했다. 시국 선언 사건 직후 행정안전부는 '공무원 보수 규정'을 개정했다. 개정된 내용은 전교조나 공무원 노조의 조합비 원천징수는 1년 사이에 서면으로 동의한 경우에 한해 허용한다는 것으로, 이 개정으로 인해 전교조 본부는 7만 조합원의 서면 동의서를 받기 위해 뛰어다녀야 했다. 조합원이 낙도나 오지에 있는 경우도 있었다. 이어 행정안전부는 '공무원 복무 규정'도 개정하여 업무 중에 정치적 주장을 표시하거나 상징하는 물건을 착용할 수 없게 했다.

다음으로 교과부는 시국 선언으로 기소 혹은 징계를 받은 사람이 노조 전임자가 될 수 없도록 했고, 이어 노동부는 해직자를 조합원으로 인정하는 전교조 규약을 문제 삼아 규약 시정 명령을 내렸다. 노동부는 전교조 시도 지부의 단체협약에 정부 정책 사항, 학생 및 학부모에 관한 사항이 포함되어 있다는 이유로 단체협약 시정 명령도 내렸다. 합법적인 교원 노동조합의 일거수일투족을 국가가 틀어쥐겠다는 뜻으로 보였다.

2010년 5월, 서두의 법정 장면에서 본 '불법 정치자금 후원' 사건이 터졌다.

검찰은 전교조 조합원 183명과 공무원 노조 조합원 90명을 불법 정치 활동 혐의로 기소했다. 민주노동당에 정치자금을 후원한 것은 정당법, 정치자금법, 국가공무원법 등을 위반했다는 것이다. 검찰의 기소에 이어 교과부는 당사자 전원을 파면하겠다고 발표했다.
강 변호사가 당시를 회상한다.

"전교조에 전화 와서 '예전에 문제가 안 된다고 해서 후원했더니 이게 무슨 날벼락이냐.'고 항의하는 교사도 많았어요. 5천 원, 만 원 후원한 걸 가지고 전원 파면한다는 얘기를 들으니 난리가 났죠. 정말로 그동안 낸 돈이 딱 만 원인 교사도 있었어요."

그동안 민주노동당은 당원 가입이 법적으로 금지된 교사·공무원을 당원과 별도로 당우黨友라는 후원인 자격으로 관리하고 있었다. 그간 공공연히 알려져 있던 일이었는데 검찰이 본격적으로 문제 삼기는 처음이었다. 시국 선언 사건으로 전교조를 압수 수색할 때 회원 명단과 계좌 번호를 찾아냈고, 그 계좌에서 민주노동당으로 후원금이 흘러간 것을 추적한 것이었다. 전형적인 별건別件 수사였다.
1년 후인 2011년 7월에 검찰은 조합원 1,352명을 추가 기소했다. 공무원 노조 조합원 295명도 함께 기소되었다. 교과부는 기소된 교사들에게 파면, 해임 등 중징계를 내렸다. 기소 규모가 엄청났기 때문에 변호인단 구성에도 보통 애를 먹은 게 아니었다. 강 변호사는 민변 등과 함께 공동 변호인단을 만들어 참여했다.
나행히 1차 기소 직후 2010년 6월 교육감 선거에서 서울과 경기를 비롯한 여러 지역에서 '진보 교육감'이 당선되었다. 덕분에 교사 해임은 대부분 막아낼 수 있었다. 진보 교육감 후보가 낙선한 지역에서는 일부 교사들이 해임되기도 했으나 변호인단은 행정소송을 거쳐 해임 처분을 전부 취소시키는 데 성공했다. 2011년 2차 기소 때는 검찰의 무리한 기소에 법원이 제동을 걸면서 벌금형, 정직 등 가벼운 징계로 마무리되었다. 그러나 단지 다달이 5천 원, 만 원을 정당에 후원했다고 교사·공무원 2천 명이 기소된 것은 세계적으로도 유례가 없는 일이었다.

변호인단은 교사·공무원들이 정당 활동을 한 것이 아니라 후원을 한 것이며 후원 금액 역시 소액에 불과하다고 설명했다. 현행법으로 교사·공무원의 정치 활동이 원천 봉쇄되어 있으므로 처벌을 줄이는 것이 최선이었다.

하지만 변호인단은 교원노조법 제3조 '정치 활동의 금지'와 국가공무원법 제66조 '집단 행위의 금지' 조항 등에 대해 위헌 법률 심판 신청을 서울 행정법원에 냈다. 법원은 교원노조법에 대해서는 변호인단의 신청을 받아들여 위헌 심판 제청을 했다. "노동조합에 대해 일체의 정치활동을 금지하고 있는 교원노조법 제3조는 교원의 정치적 표현의 자유의 본질적 내용을 침해하고, 평등의 원칙에 위배된다."는 내용이다. 현재 헌법재판소의 판결을 기다리고 있다.

교사와 공무원은 정치적 금치산자인가

검찰의 기소 직후 중앙일보는 다음의 사설을 실었다.

[사설] 전교조는 정치를 떠나 '참교육'으로 돌아가라

교사를 포함한 공무원의 정치적 중립은 헌법에 명시돼 있다. 공무원은 특정 집단이 아닌 국민 전체의 봉사자이기 때문이다. 더욱이 교사는 자라나는 미래 세대에 직접적인 영향을 미친다. 정치색에 따라 교육이 바뀐다면 큰일이다. 그런데도 꼭 정치활동을 하겠다면 간단하다. 떠나면 된다. '철밥통'을 껴안고 있으면서 정치적 중립 의무는 팽개친다면 교육자가 아니라 기회주의자일 뿐이다. (……) 전교조는 그만 방황을 끝내고 초심으로 돌아가기 바란다. 누구보다 뜨거웠던 열정으로 우리의 아이들이 글로벌 시대에 세계인으로 인성과 경쟁력을 갖추도록 노력해야 한다. 그러기 위해서는 이념과 정치의 옷을 벗어던져야 한다. 교육의 본질에 충실함으로써 참스승을 회복해야 할 때다.[2]

이 글에는 다음과 같은 전제가 깔려 있다. 정치는 지저분한 것이고 특별한 사람들이 해야 하고, 반면 교육은 순수한 것이고 따라서 정치와 격리되어야 한다는 것이다. 교사와 학생은 정치에 관여해서도 안 되고, 정치적인 표현을 해서도 안 된다. 그러나 김행수 교사의 생각은 다르다.

"교사가 정치적 목소리를 내면 사람들은 '그럴 거면 정치를 하지 왜 교사를 해?'라고 말합니다. 그렇지만 어째서 정치는 특정 집단만 할 수 있는 거죠? 그런 식으로 정치에 대해 뭔가 오염된 듯한 이미지를 심고, 국민들로 하여금 정치에 염증을 갖게 하고 냉소하게 만듭니다. 그저 기득권 세력에게 유리한 것이죠."

하지만 교사의 정치적 색깔이 교육 내용에 반영되는 것을 우려하는 사람들도 있지 않을까. 내가 이렇게 묻자 김 교사는 답했다.

"교사가 어떤 정치적 입장을 갖는다고 해서 아이들에게 그 입장을 강요할 거라고 여긴다면 그건 인간에 대한 이해가 부족한 겁니다. 교사가 자기 지위를 이용해 정치적 입장을 강요하면 안 되겠죠. 다음 중 더 좋은 정당은 어디냐, 이런 시험 문제를 내면 안 되는 건 상식입니다. 하지만 수업 외 시간에 교사이자 시민으로서 어떤 교육제도가 더 나은지에 대한 생각조차 공공연하게 밝히지 못한다는 건 말이 안 되죠."

안타깝게도 교사의 정치 활동을 불온시하는 태도는 사회적으로 무척 공고하다. 헌법재판소의 판결(강 변호사 등이 낸 2011년 위헌 법률 신청과는 다른 사건)은 그 정점이다. 2001년, 한 교사가 교사의 정당 가입, 선거 운동을 금지하는 조항에 대한 헌법 소원 심판을 냈을 때 헌법재판소는 이 조항을 합헌으로 판결했다. 이 판결은 하급 법원에서 교사·공무원의 정치적 자유를 박탈하는 근거로 자주 인용된다.

교육은 그 본질상 이상적이고 비권력적인 것임에 반하여 정치는 현실적이고 권력적인 것이므로 교육과 정치는 일정한 거리를 유지하는 것이 바람직하다. (……) 교사의 처신은 미성숙한 학생들의 가치판단에 중요한 영향을 주고 있으며 (……) 해당 법률 조항이 교원의 정치적 기본권을 제한하는 측면이 있는 것은 사실이나, (……) **교원의 활동은 근무시간 내외를 불문하고 학**

생들의 인격 및 기본 생활 습관 형성 등에 중요한 영향을 끼치는 잠재적 교육과정의 일부분인 점을 고려하고, 교원의 정치 활동은 교육 수혜자인 학생의 입장에서는 수업권의 침해로 받아들여질 수 있다는 점에서 (……) 초·중등학교 교육 공무원의 정당 가입 및 선거운동의 자유를 제한하는 것은 헌법적으로 정당화될 수 있다고 할 것이다.[3] (강조는 인용자.)

판결문은 '근무시간 내외를 불문하고'라고 못 박고 있다. 학교 밖에서도 정치 활동을 해서는 안 되는 것이다. 헌법재판소는 청소년들이 미성숙한 판단 주체라고 전제하고 이를 이유로 교원의 정치적 기본권 제한을 정당화한다. 좀 의문이 든다. 단지 청소년에 대한 교사의 영향이 크다는 이유로 교사의 정치적 자유를 완전히 제한한다면 영향력이 그 못지않은 연예인의 정치적 자유도 금지해야 하지 않을까. 또 청소년이 과연 교사의 언행 하나하나에 좌지우지될 만큼 미성숙한 존재일까.

강 변호사는 이 판결문을 이렇게 반박한다.

"이 논리대로라면 교사는 24시간 언제나 시민권 없는 시민으로 지내야 합니다. 이런 식으로 정치적 중립성을 해석하는 건 옳지 않죠. 정치 활동 금지를 이렇게 해석하면 헌법상의 개인의 권리마저 침해하게 됩니다. 합헌적으로 해석하자면, 교사가 자신의 직무를 이행할 때에 한해 정치 활동을 제한하는 것으로 봐야 합니다."

교원의 모든 정치적 행위를 제한하는 것이 아니라, 직무와 관련된 경우에 한해 정치적 중립성을 지켜야 하는 것으로 엄격하게 해석해야 한다는 것이다. 몇몇 법원에서는 변호인단의 주장을 반영한 판결을 내놓기도 했다. 2010년 2월 25일, 시국 선언 사건을 맡은 대전지법 김동현 판사는 교사들에게 무죄를 선고하며 이렇게 밝혔다.

> 공무원도 국민의 일원인 이상 직무의 온전성을 해하지 아니하는 범위 내에서 정부의 정책 기조에 대한 의견을 밝힐 기본권을 당연히 누린다고 보는 것이 옳다. 정파적 이해 대립이 있는 사안이라는 이유만으로 정치적인 의견 표현 행위를 처벌하게 된다면, 그것은 권력을 비판하는 세력에 대한 탄압 수단으로 활용될 수밖에 없을 것이고, 그것이 민주주의를 해하는 처사라는 것은 명약관화하다.[4]

이 판결의 의미는 무척 크다. 우리는 정파적 이해 대립이 마치 지저분한 진흙탕 싸움인 것처럼 여기며 그래서 정치는 더러운 것이라고 혐오한다. 하지만 민주주의 사회에서 다양한 이해관계의 갈등은 피할 수 없으며, 시민들은 이해 갈등을 조절하는 과정에서 공익에 도달하는 방법을 고민해야 한다. 그런데 갈등 상황에 대한 의견 표명 자체를 금지한다면 더 힘센 쪽의 이해, 예컨대 국가권력이나 대기업의 이해가 관철될 가능성이 커진다. 정파적 이해 대립은 외면하거나 거부해야 할 '문제'가 아니라, 우리 사회가 품고 있는 다양성의 반영이자 우리 삶의 '출발점'이다.

또 김동현 판사는 판결문에서 "학생들을 판단력이 미숙한 존재로만 보는 주장은 경직되고 획일화된 교육을 받고 정보 부재의 환경에서 성장한 자신들의 과거 경험만을 기억하는 기성세대의 낡은 시각에서 오는 편견에 불과하다."고 설명한다. 김 판사는, 교사가 정부 정책을 비판했다고 형사처분을 받는다면 학생들은 민주주의의 의미를 회의하게 될 것이므로, 따라서 시국 선언 행위를 형사처분하는 것이 오히려 반교육적이라고 말한다.

강 변호사는 '아이들을 정치적으로 오염시켜서는 안 된다.'와 같은 정치에 대한 선입견과 싸우는 일이 무척 힘들다고 한다. 강 변호사는 전교조가 단체교섭을 요구했을 때 교과부가 거부한 이유 중 하나로 근로조건과 무관한 정치적 사안이 들어 있었기 때문이라고 말했다.* 그 정치적 사안이란 바로 무상급식이었다. 전교조는 무상급식은 학생들의 교육권에 해당하고 보편적 복지의 일환이라는 입장이었다.

"법원에 단체교섭 응낙 가처분* 신청을 했더니 판사가 그러는 거예요. '노동조합이 임금이나 근로조건만 이야기하면 되지 정치적 색깔을 띤 무상급식이 왜 들어 있나요.' 재판부 생각에 순수한 노동조합 활동이 있고 음모적 정치 활동이 따로 있는 거죠."

강 변호사는 교육과 정치를 엄격히 구분할 수 있다는 생각은 잘못이며, 교실을 마치 정치적으로 무색무취한 공간인 양 논쟁이나 비판

* 교과부가 거부한 핵심적인 이유는 복수의 교원 단체 시 교섭창구를 단일화하라는 것이다.
* **단체교섭 응낙 가처분** 사용자 측이 정당한 이유 없이 단체교섭에 응하지 않을 때, 단체교섭에 응하도록 강제하는 가처분.

이 사라진 곳으로 여긴다면 시민 교육은 불가능하다고 말한다. 학생들이 정치적으로 미숙하다는 점을 근거로 교사의 정치적 기본권을 빼앗는다면, 시민으로서 온전한 권리를 누리지 못하는 교사들이 학생들의 시민 의식을 제대로 성장시킬 수 있을까. 강 변호사는 "이러다가 학교는 정말로 정치적 미숙아들의 공간이 되어갈 것"이라고 우려한다.

"교사의 권리 부정이 청소년의 권리 부정으로 이어지고 있어요. 교사에게 시민으로서의 권리가 없는데 어떻게 아이들에게 시민 교육을 할 수 있을까요? 그런 아이들이 자라서 만드는 사회는 어떨까요?"

교사는 순수해야 한다고 여기며 그들을 정치적 금치산자로 만드는 일을 묵인한다면, 이는 우리 스스로 우리 사회의 앞날을 어둡게 만드는 일이다.

변호사들

노동운동이란 게 그나마 노사의 물리적 충돌이 진행되는 동안은 언론과 여론의 관심을 받기는 한다.

그러나 싸움이 끝나고 깃발이 내려가고 카메라가 떠난 곳에도

하얗게 불태웠어...

나 목이 삐끗했어. 치료비 좀.

여전히 싸움은 남아 있다.

너랑 싸우느라 며칠 장사 못 했으니까 그거 물어줘야겠다.

너 아까 나보고 돼지라고 그랬지? 나 엄청 상처 받았어. 그거 명예훼손.

법을 무기로 하는 그 찌질하면서도 처절한 싸움의 뒤치닥거리를 (싼값에, 때론 공짜로) 도맡아야 하는 것이

시합만 끝나면 되는 줄 알았지?

진짜 싸움은 지금부터야.

그러게 돈도 없는 게 왜 엉기니? 엉기길...

민주노총 변호사들이다.

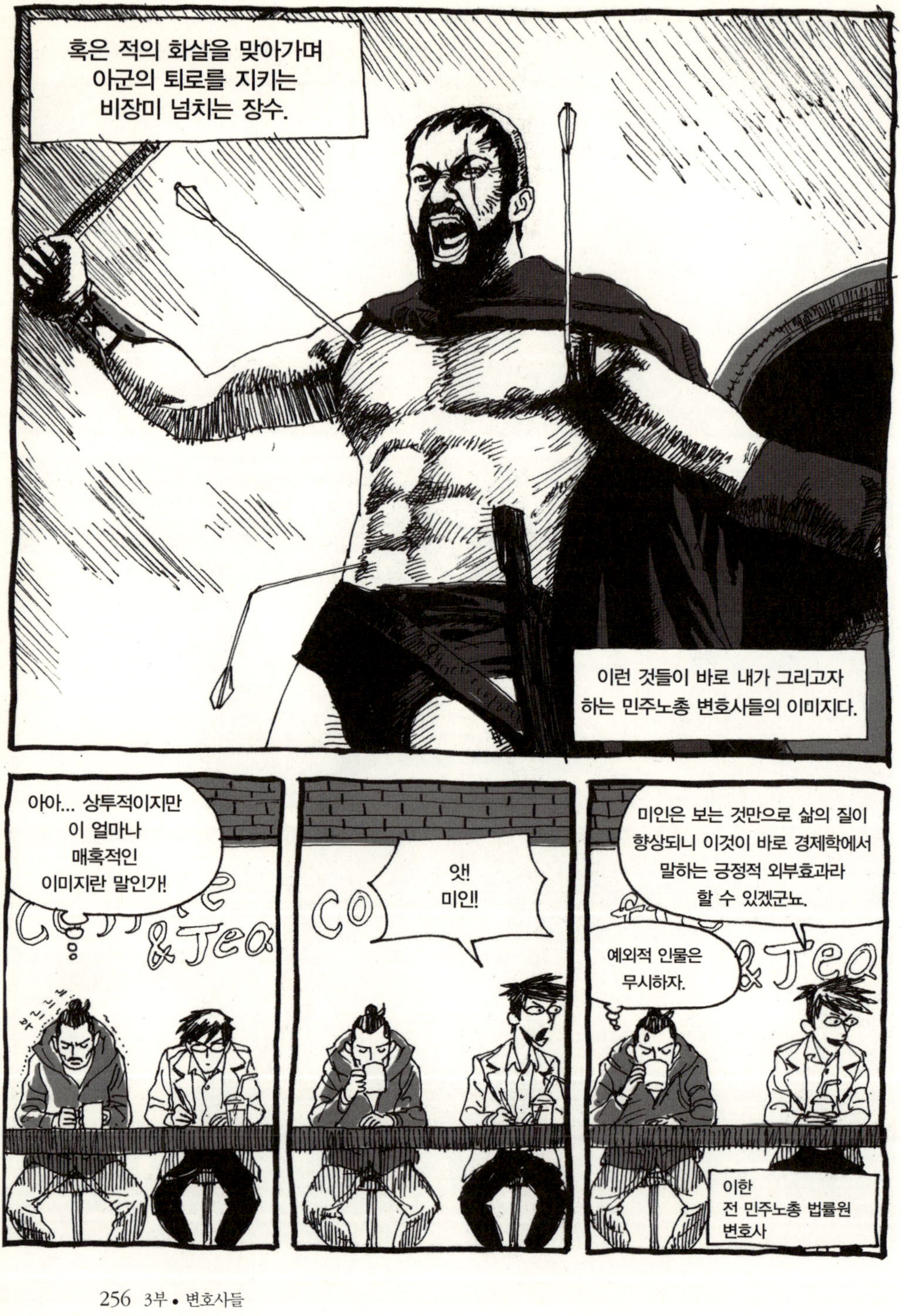

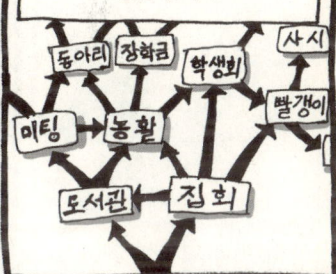

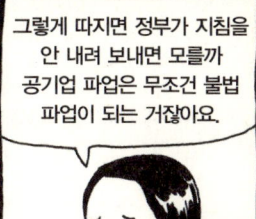

* 2부 6장

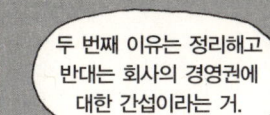

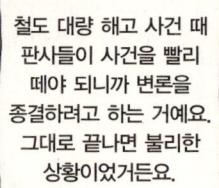

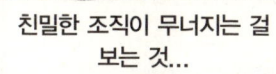

그런데 갑자기 누군가 여기에 외계인을 등장시켜요.

악몽을 주입해.

넵.

처음엔 소설을 망친 거 같다가도 계속해서 외계인 얘기가 나오면 그건 외계인에 관한 소설이 되는 거죠.

그 사건이 1심 2심에서 모두 졌었는데

민주노총 밖에 계신 분들과 드림팀을 짜고 공개 변론 해서 대법원 전원 합의체에서 판결을 뒤집은 일이 있어요.*

"적법한 파견에만 적용된다고 축소 해석한 원심의 판단은 파견법의 입법 취지에 비춰 근거가 없고 타당하지 않다."

파견법상 '간주' 규정은 현재 '의무' 규정으로 후퇴했다.

* 1부 2장

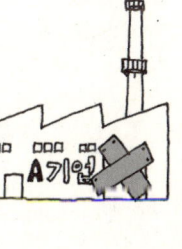
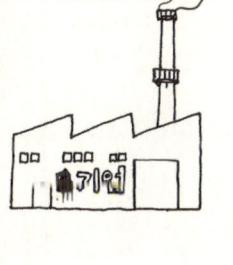

그리고 2003년도에 현대중공업 사내 하청 노동자들이 노조를 만들었는데*

현대중공업이 노조 가입자가 있는 하청 업체들과 계약을 해지하고 폐업을 시켰어요.

비조합원들만 모아서 따로 하청 업체를 설립해서 결국 조합원들만 해고를 당하게 됐죠.

너만 탈퇴하면 우리 회사 살 수 있어!

* 2부 5장

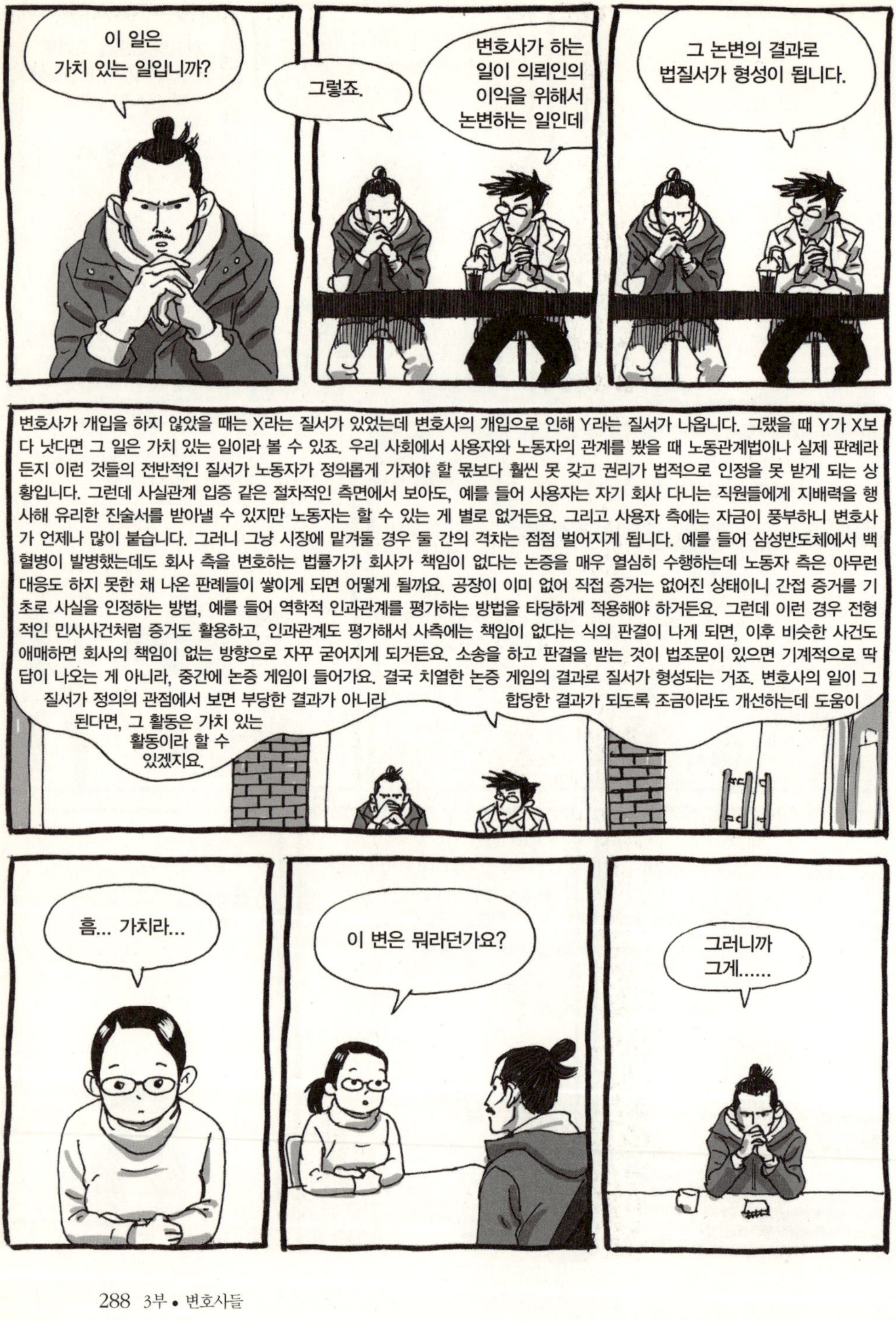

변호사가 개입을 하지 않았을 때는 X라는 질서가 있었는데 변호사의 개입으로 인해 Y라는 질서가 나옵니다. 그랬을 때 Y가 X보다 낫다면 그 일은 가치 있는 일이라 볼 수 있죠. 우리 사회에서 사용자와 노동자의 관계를 봤을 때 노동관계법이나 실제 판례라든지 이런 것들의 전반적인 질서가 노동자가 정의롭게 가져야 할 몫보다 훨씬 못 갖고 권리가 법적으로 인정을 못 받게 되는 상황입니다. 그런데 사실관계 입증 같은 절차적인 측면에서 보아도, 예를 들어 사용자는 자기 회사 다니는 직원들에게 지배력을 행사해 유리한 진술서를 받아낼 수 있지만 노동자는 할 수 있는 게 별로 없거든요. 그리고 사용자 측에는 자금이 풍부하니 변호사가 언제나 많이 붙습니다. 그러니 그냥 시장에 맡겨둘 경우 둘 간의 격차는 점점 벌어지게 됩니다. 예를 들어 삼성반도체에서 백혈병이 발병했는데도 회사 측을 변호하는 법률가가 회사가 책임이 없다는 논증을 매우 열심히 수행하는데 노동자 측은 아무런 대응도 하지 못한 채 나온 판례들이 쌓이게 되면 어떻게 될까요. 공장이 이미 없어 직접 증거는 없어진 상태이니 간접 증거를 기초로 사실을 인정하는 방법, 예를 들어 역학적 인과관계를 평가하는 방법을 타당하게 적용해야 하거든요. 그런데 이런 경우 전형적인 민사사건처럼 증거도 활용하고, 인과관계도 평가해서 사측에는 책임이 없다는 식의 판결이 나게 되면, 이후 비슷한 사건도 애매하면 회사의 책임이 없는 방향으로 자꾸 굳어지게 되거든요. 소송을 하고 판결을 받는 것이 법조문이 있으면 기계적으로 딱 답이 나오는 게 아니라, 중간에 논증 게임이 들어가요. 결국 치열한 논증 게임의 결과로 질서가 형성되는 거죠. 변호사의 일이 그 질서가 정의의 관점에서 보면 부당한 결과가 아니라 합당한 결과가 되도록 조금이라도 개선하는데 도움이 된다면, 그 활동은 가치 있는 활동이라 할 수 있겠지요.

사건 안에 있을 때는 이 사건에서 지면 큰일날 것 같은 마음인데

끝나고 나면 전체가 보여요. 이거 하나 이긴다고 해서 크게 바뀌는 것도 없고

진다 해도 현장의 조직력이 살아 있으면 그걸 극복하고 갈 수도 있는 거고요.

그렇게 생각하면 또 금방 잊어버리고...

회의를 느끼는 이유와 극복의 이유가 똑같다고 느껴지는 건 내 착각이겠지?

가치라...

변호사는 하나의 입장을 선택해야 합니다.

자본주의 사회에서 노동자의 입장에서 노동법을 해석하고 입법에 일조하는 일은 의미 있는 일이라고 봅니다. 자본주의가 존재하는 한 노동운동은 가치 있는 일이고

변호사는 자신의 자리에서 노동운동을 하고 있는 거죠.

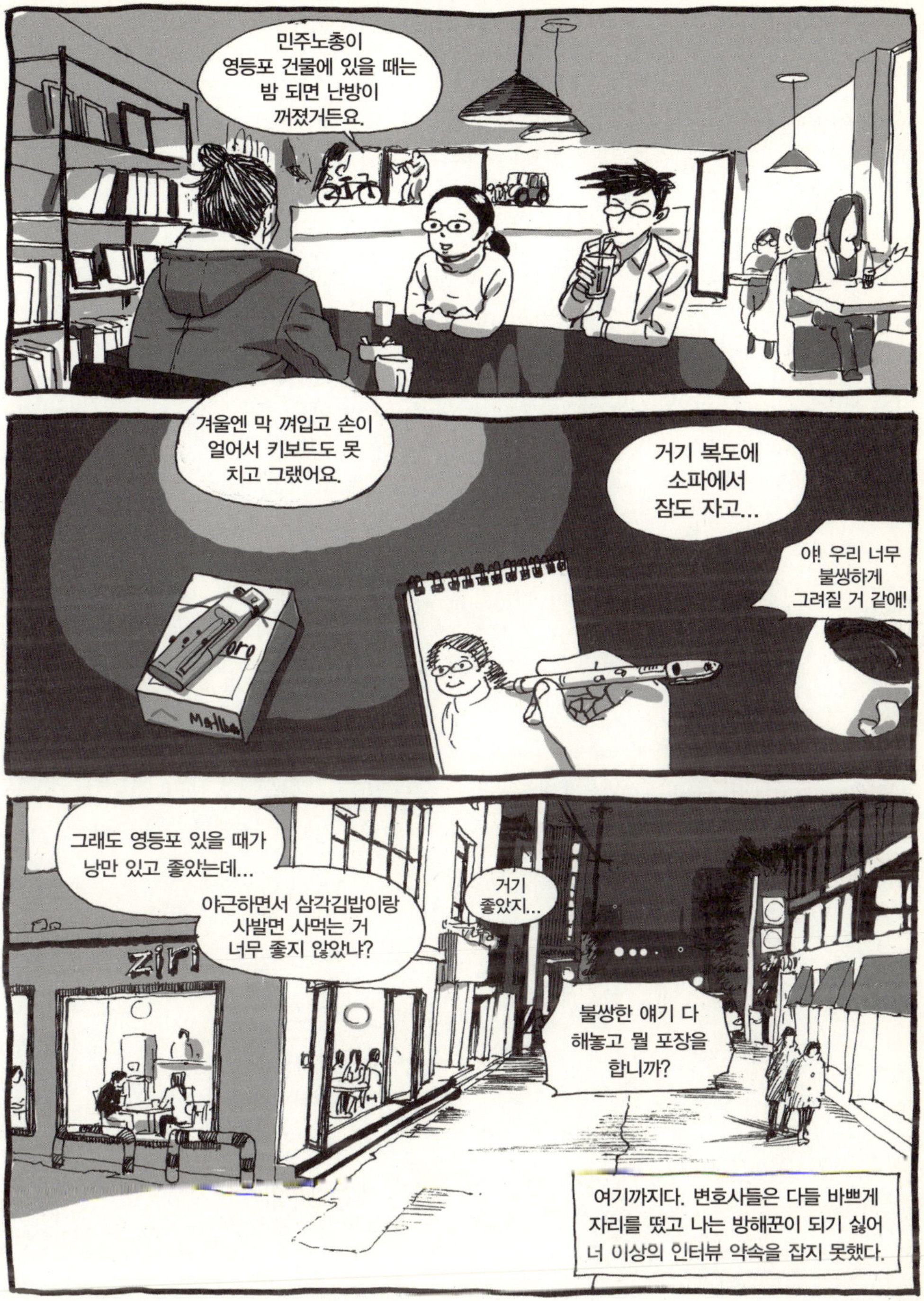

주

1부 1장

1) 『중앙일보』, "'죽창' 1000개……. 민노총 폭력시위 경찰관 104명 부상", 2009년 5월 18일.
2) 『경향신문』, ""개만도 못한 일… 밥줄 끊길 것"… 대전 대덕署長 '택배기사 추모제'에 막말", 2009년 5월 8일.

1부 2장

1) 대법원 2008. 9. 18. 선고 2007두22320 전원합의체 판결.
2) 『한겨레21』, "공개변론한 5인의 변호인단 무보수 드림팀 "상황극까지 짰다"", 2008년 12월 26일.

2부 여는 장

1) 리오 휴버먼, 『자본주의 역사 바로 알기』, 책벌레, 2000년, 241쪽.
2) 김선수, 「노동삼권」, 노동법실무연구회 발표문, 2010년 3월 2일.
3) 『한겨레신문』, ""MB정부서 노동3권 보장안돼" 50%", 2010년 11월 10일.
4) 강성태, 「헌법상 노동기본권의 현재적 의미와 발전 방향」, '헌법이 말하는 노동권을 찾아서' 토론회 발제문, 2012년 7월 2일.

2부 1장

1) 『참세상』, "이건희는 사면, 삼성에 맞선 시민은 체포", 2009년 12월 29일.
2) 서울고등법원 2009. 12. 2. 선고 2009누8849 판결.
3) 김성희, 『먼지 없는 방: 삼성반도체 공장의 비밀』, 보리, 2012년.
4) 서울행정법원 2011. 6. 23. 선고 2010구합1149 판결.

2부 2장

1) 이승원·정경원, 『우리가 보이나요: 홍익대 청소 경비 노동자 이야기』, 한내, 2011년.
2) 『프로메테우스』, "김순자 후보, 사상최대의 지하조직이 떴다?", 2012년 4월 8일.
3) 본문의 자료는 최저임금연대 주최 토론회 자료집「우리나라 최저임금 수준과 개선방안」(2011년)을 인용했다.
4) 『시사IN』, "술값 손해배상으로 청구한 홍익대 재단", 2011년 7월 7일.

2부 3장

1) 노무법인 삶, 『현장에서 함께 읽는 노동법 1』, 미지북스, 2010년, 73쪽.
2) 대법원 2003. 7. 22. 선고 2002도7225 판결.
3) 대전지방법원 2011. 1. 28. 선고 2010고단1581, 2729 (병합) 판결.
4) 『조선일보』, "쌍용차 노조 그대로 두고 회사 장래 없어", 2009년 8월 7일.
5) 쌍용자동차의 2009년 1월 9일자 회생 절차 개시 명령 신청서.
6) 『미디어충청』, "A4 용지에 볼펜으로 적은 가짜 정리해고 명단", 2009년 5월 27일.

2부 4장

1) 『참세상』, "재능교육 4년 투쟁에 용역이 있었다", 2011년 6월 16일.
2) 재능교육 사업지원실장 명의로 발신된 위탁 사업 계약 종료 통보서.
3) 재능교육OUT국민운동본부 제작, 『희망색연필, 재능자본에 맞선 질긴 노동자들』, 2011년.
4) 대법원 2006. 12. 7. 선고2004다29736 판결 등 다수.
5) 『아시아경제』, "법원, "재능교육 일방해고 부당"", 2012년 11월 1일.

2부 5장

1) 『참세상』, "스머프의 웃고 울었던 삼백일의 기록", 2008년 4월 21일.

2부 6장

1) 『뉴시스』, "철도공사, 노조 파업 유도 의혹", 2009년 12월 16일.
2) 대전지방법원 2011. 1. 28. 선고 2010고단1581, 2729 (병합) 판결.

2부 7장

1) 대법원 1996. 1. 26. 선고 95도1959 판결. 본문을 축약하였음.
2) 이창현, 「미디어법이 언론환경, 언론노동자에 미치는 영향」, 2009년 9월 17일 3차 공판 증언 자료.
3) 『신동아』, "김재철 사장, '큰 집'에 불려가 조인트 맞고 깨진 뒤 좌파 정리했다", 2010년 4월. 김우룡 씨의 발언.
4) 대법원 2011. 3. 17. 선고 2007도482 전원 합의체 판결.

2부 8장

1) 『미디어오늘』, "한나라, 새해 첫날 '노동법 날치기' 개악", 2010년 1월 1일.
3) 『여성신문』, "새벽에 여성 노동자들 강제로 끌어내", 2010년 7월 16일.
3) 『경향신문』 사설, "노조말살 1위 사업장이 된 복수노조 1호 사업장", 2011년 9월 28일.

2부 9장

1) 『시사IN』, "검찰 신뢰도 위험수위까지", 2012년 10월 23일.
2) 검찰청 대구지방검찰청 포항지청, 「민주노총 포항지역건설노조 불법파업 관련 수사백서」, 2006년.
3) 전국불안정노동철폐연대 등 7개 시민사회 단체, 「지역건설노조 탄압 진상조사보고서」, 2004년. 경기 서부 지역 현장 관리자의 증언.
4) 『오마이뉴스』, "일용직 건설노조가 공갈 협박했다?", 2003년 10월 15일.

2부 10장

1) 『미디어오늘』, "교사 1만 6천명 '언론자유 보장하라'", 2009년 6월 18일.
2) 『중앙일보』 사설, "전교조는 정치를 떠나 '참교육'으로 돌아가라", 2010년 5월 24일.
3) 헌법재판소 2004. 3. 25. 선고 2001헌마710 판결.
4) 대전지방법원 2010. 2. 25. 선고 2009고단2786 판결.

노동자의 변호사들
대한민국을 뒤흔든 노동 사건 10장면

발행일 2013년 4월 10일 (초판 1쇄)
  2018년 2월 10일 (초판 5쇄)
지은이 민주노총 법률원, 오준호, 최규석
펴낸이 이지열
펴낸곳 미지북스
  서울시 마포구 상암동 2-120번지 201호 (우편 번호 03930)
  전화 070-7533-1848 팩스 02-713-1848
  mizibooks@naver.com
  블로그 http://mizibooks.tistory.com
  트위터 @mizibooks 페이스북 http://facebook.com/pub.mizibooks
  출판 등록 2008년 2월 13일 제313-2008-000029호

> **독자 북펀드에 참여해주신 분들**
> 강계환, 강문숙, 강석여, 강주한, 권초롱, 김기남, 김대수, 김우종, 김정훈, 김종완, 김지호, 김현승, 김형준, 김희곤, 나준영, 민동섭, 박무자, 박세중, 박수정, 박효선, 백효민, 설진철, 신정훈, 심만석, 양지연, 이나나, 이하나, 장경훈, 정담이, 정대영, 정미영, 정소영, 정율이, 정은희, 정진우, 정해승, 조미연, 조익상, 최경호, 한성구, 허남진, 현동우, 현웅선, 홍진영, 황주영 외 11명

책임 편집 권순범
출력 상지출력센터
인쇄 제본 한영문화사

ISBN 978-89-94142-28-9 03330
값 15,000원